AF435387

RUDY BIANCO
ESCRIBE TU FUTURO
LO ESTABAS BUSCANDO, EN UNOS DÍAS TODO HABRÁ CAMBIADO

© Rudy Bianco
© Escribe Tu Futuro
1a. Edición
ISBN *Impreso*: 978-84-686-8445-1
ISBN *PDF*: 978-84-686-8446-8
ISBN *eBook*: 978-84-686-8447-5

Impreso en España / *Printed in Spain*
Editado por Bubok Publishing S.L.

Rudy Bianco

Emprendedor, visionario, inquieto, creativo y adicto a la tecnología. Fundador y co-fundador de exitosas empresas de publicidad, creatividad y tecnología. Su último emprendimiento marketeer.co, considerada una empresa disruptiva por su innovación tecnológica. Marketeer desarrolla una plataforma con inteligencia artificial y procesamiento de lenguaje natural, que a través de tecnologías cognitivas permite crear robots que resuelven problemas hablando con humanos.

"He pasado toda mi vida buscando soluciones innovadoras y únicas aportando mi pequeño grano de arena para cambiar el mundo. Hoy deseo de verdad que este pequeñito aporte sea un gran cambio en tu vida."

Prólogo

Prácticamente todo en nuestra vida corre alrededor de satisfacer las inquietudes generadas por nuestro cerebro. Compramos cosas por deseo o impulso, miramos una película, una puesta de sol, un cuerpo desnudo. Utilizamos los 5 sentidos para satisfacer puramente una cosa, nuestra mente.

Entonces surge la pregunta, ¿Quién controla tu vida?

Hace un tiempo leí una entrevista a un neurocientífico que me llamó especialmente la atención. En ella desmitificaba el hecho que sólo usamos el 10% de nuestro cerebro. Argumentaba que era totalmente un mito. ¡Por supuesto que usamos el 100%!, pero no como nosotros creemos.

Esa enorme curiosidad asociada al terrible golpe que me había dado la vida, me obligó a investigar y buscar la fórmula para controlar el destino, a través del control del enorme potencial escondido en nuestro cerebro. Descubrí cientos de estudios que afirmaban esa teoría y muchos premio Nobel que habían estado buscando soluciones.

Tras conseguir increíbles resultados, creé una App, StartMyDay, que transformó mi vida y la de mis allegados.

Hoy comparto en este libro la fórmula para que seas tú quien decida cuál es tu futuro. Que seas tú quien dé las órdenes.

Hoy es el primer día del resto de tu vida.

Índice

Sólo una vida

Por el momento y hasta que descubramos lo contrario, tenemos sólo una vida por vivir. Cada minuto que pasa es irrecuperable. Cada momento es único.

Somos seres inteligentes impulsados por las emociones. Cada uno de nosotros somos únicos. Con nuestros propios deseos y nuestra forma peculiar de ver el mundo. En cierta manera, cada persona vive en su propio mundo.

Ese mundo está en cierta medida controlado por la percepción y dominado casi en exclusiva por la imprimación*. Nuestro cerebro adora la repetición. Por eso se suele llamar a la parte no consciente 'cerebro automático'. No obstante, nuestra naturaleza humana es curiosa y abierta a las emociones.

**Imprimación: Virtud para grabar un hecho, imagen, sonido o percepción con fuerza en nuestro cerebro. Podemos hacerlo de forma voluntaria o involuntaria. Nuestro cerebro no sabe la diferencia entre lo real y lo irreal. Por ejemplo con los sueños lo vemos claramente. Si soñamos que nos golpeamos, nos duele. Así que si programamos en nuestra mente algo con fuerza, ello mandará sobre la realidad.*

Nos cuesta cambiar pero nos encanta descubrir. Dar un paso hacia algo desconocido nos suele aterrar, por el miedo al arrepentimiento. Por ello, si ves algo que no cuadra en tu vida, debes impulsar ese cambio desde el interior para que sea completo y sano.

Hoy en día nos mueven nuestros impulsos, nuestro instinto, nuestros recuerdos y nuestras acciones. Todo viene desde una parte de tu cerebro aún por descubrir y controlar, tu parte inconsciente.

Cambiar de trabajo, de casa, incluso de estilo de vida suelen ser retos difíciles de conseguir. Incluso, teniendo la fuerza de voluntad para dar el primer paso, luego tenemos que luchar contra la constancia, que a veces nos juega una mala pasada si no vemos resultados rápidos.

En cambio, casi a la aventura, solemos cambiar de ropa o incluso de coche, porque sabemos que si no nos gustase, tenemos una segunda opción.

Pero el destino no está escrito. El futuro es incierto y está por descubrir. El único momento que conoces con absoluta certeza, es el ahora. El presente.

Nuestras decisiones son las que marcarán tomar un camino u otro. Y esas decisiones dependen de nuestro instinto, nuestras emociones, nuestros deseos y sobre todo nuestros miedos. Si logras controlar todas aquellas partes subjetivas que te hacen dudar o retroceder antes de tiempo, lograrás una vida plena y feliz.

Te enseñaré a imprimir en tu subconsciente tranquilidad, para que te sientas seguro en tus acciones y decisiones. Para que veas muy claro quien eres y hacia dónde te diriges. Para que esta vida la disfrutes a cada minuto.

Te demostraré que tú eres el único y absoluto dueño de tu futuro y tú eres capaz de vivir siendo feliz.

Capítulo 0. ¿Por qué a mí?

¿Cuántas veces te has hecho esa pregunta?

Cuando creías tener todo bajo control, algo que parecía de poca importancia, desencadena el fin de tu buena racha. La suerte ha cambiado de manos y la bola de nieve empieza a descender.

Llevo toda la vida emprendiendo. Luchando por la vida, luchando por el éxito. Intentando predecir el futuro, evitando que algo se pueda torcer. Aunque a veces a ese presentimiento no lo tomemos en serio por culpa de nuestro ego. Aún más a nosotros, los luchadores, que no nos intimidan los retos. No le tememos a nada, nos enfrentamos a todo.

En mayor o menor medida nadie se escapa de ello. No queremos escuchar los indicios del cambio. Cuando algo tiende hacia lo negativo, lo esquivamos en vez de analizarlo. Como si no le prestásemos atención, pasaría de largo sin afectarnos.

Hasta que llega el momento trágico sin vuelta atrás. Cuando cada nuevo acontecimiento se suma a la infinidad de problemas que ya tenemos. Parece que todo sale mal. Miras a tu alrededor y dices - de verdad? y si...? -.

No existe una alineación interplanetaria que está provocando que tu vida sea un desastre y vaya cada vez a peor. Aunque lo parezca. Una consecuencia de pequeños errores te ha llevado a donde estás. Y yo te enseñaré a salir de ello.

A veces nos contradecimos a nosotros mismos sin darnos cuenta. Hoy nos gusta un color y al cabo de los años otro. Una comida, una bebida. Los gustos nos cambian continuamente, así que nuestro futuro perfecto también es distinto por temporadas. Se ha demostrado que cada célula de nuestra cuerpo se regenera cada cierto tiempo, que según estudios científicos, el ciclo completo dura aproximadamente 5 años. Así que cada 5 años, tú, eres otra persona.

Desde que tenemos uso de razón ya tenemos nociones de lo que queremos de nuestro futuro. Pienso que siendo niño es cuando más claro vemos nuestro futuro perfecto, un futuro prometedor y con plena felicidad.

Hoy en día la felicidad pasa por muchos otros factores y olvidamos los que realmente han motivado al ser humano a evolucionar. Existen momentos de felicidad. Una copa de vino, una muestra de afecto, un gracias. Son a veces tan fugaces, que no le prestamos mucha atención y en cambio nos detenemos a los no tan fugaces momentos negativos.

Hasta que llega el minuto detonante en donde vemos que todo sale mal, cada vez peor y al final te ves casi en el fondo y dices -madre mía, pero, ¿aún sigo bajando?-.

Lamentablemente, si no es por una razón de peso, no nos

adentramos en buscar alternativas. Entonces te detienes y empiezas a ver desde otra perspectiva el por qué has llegado hasta ahí.

En este tiempo he descubierto 3 cosas que realmente cambiaron mi vida al completo. Han salido como resultado del aprendizaje, la perseverancia por entender la situación, de infinidad de clases y lecturas en diferentes especialidades, que me permitieron elaborar una técnica rápida y eficaz para controlar mi vida. Poco después, aconsejando a amigos y viendo excelentes resultados en todos ellos, decidí perfeccionar la técnica con ayuda de expertos en meditación, visualización y neurología.

Este libro te va a demostrar que la solución está a la vuelta de la esquina. Te voy a enseñar a predecir los malos momentos, a superarlos y a ser feliz el mayor tiempo posible en tu vida.

No deseo que este libro sea tomado como un libro de automotivación, aunque es posiblemente inevitable su relación. Te planteo una nueva forma de conocerte a ti mismo, controlando tu cerebro y conociendo tu real potencial. Te sorprenderá ver que tienes un potencial increíble, que simplemente no lo has llegado a utilizar porque no veías el momento o el cómo hacerlo.

A partir de hoy serás tú quien decida tu futuro. Tú has elegido leer este libro, no es coincidencia.

Si crees que el futuro está escrito,
es que quizás lo esté para ti.
Rudy Bianco

Capítulo 1. La Felicidad

Es el estado más deseado por el ser humano. Resulta curioso que deseemos tanto algo que realmente no buscamos.

El humano de por sí es una persona curiosa e inquieta. Solemos cambiar de ánimo continuamente y a lo largo del día, ya sea por nuestra satisfacción o insatisfacción de diversas necesidades, por la energía corporal, por las relaciones o por motivos culturales como es irnos de vacaciones. Así que nuestra felicidad puede estar representada por multitud de formas y colores.

La obsesión por encontrar la felicidad absoluta, nos hace olvidar el sentido por el cual hemos empezado la búsqueda.

Si ahora te paras un momento para dedicarlo a definir lo que sería la felicidad para ti y lo escribes en un papel para leerlo de aquí a un año, te darías cuenta que no tiene el mismo efecto y seguro que tampoco el mismo deseo.

La felicidad huye de quien la busca.
Ella viene sólo del interior.
Mahatma Gandhi

Intentando controlar el futuro dejamos de pensar en lo que

realmente es importante, el presente. Hoy puedes dejar de leer este libro, recomendar este libro a alguien o simplemente ponerte a ver una película. Saber apreciar los pequeños momentos de felicidad que te da la vida, disfrutar de ellos, tomarte tu tiempo para saborearlos, es lo que te hará realmente feliz.

Si volvemos al ejemplo del capítulo anterior en donde tenemos nuestra bola de nieve que desciende con infinidad de problemas, vemos que la felicidad parece haber desaparecido. Tienes tu cerebro ocupado en buscar soluciones para salir de los problemas. Estarías feliz si esa bola de nieve desapareciese. Pero eso es totalmente temporal. Tu mente pedirá un nuevo estado de felicidad cuando al poco tiempo esos problemas hayan desaparecido y quiera algo más.

La felicidad es un estado momentáneo hoy en tu vida. Y por ello, debes empezar a ser feliz desde ahora, porque puedes serlo cada día. Siempre podemos estar mejor para ver el vaso medio lleno. Y siempre hay una alternativa fácil ante los retos que nos enfrentamos en la vida.

Mi historia personal

Posiblemente no te interesa demasiado conocer mi pasado y el por qué llegué a escribir este libro. No obstante, la identificación es un proceso enormemente positivo para afrontar un problema. Si logras identificarte con un hecho y su respectiva solución, posiblemente comprendas mejor cómo afrontar tu propio reto.

Tras 17 años de una vida de emprendimiento, sufrí un terrible accidente deportivo. En un momento pasé de estar divirtiéndome con un Quad por la montaña, a despertar en un hospital 8 horas después. Tenía varios huesos rotos y había perdido la memoria a corto plazo.

Te pongo en situación:

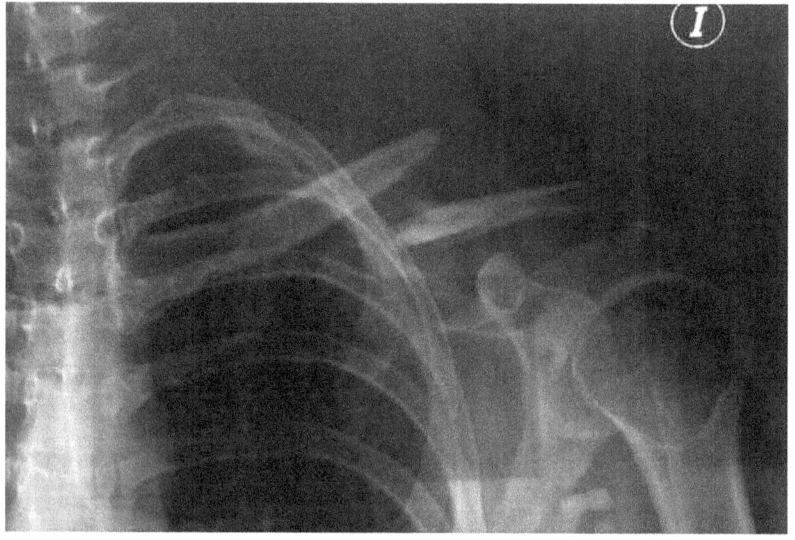

De repente me encuentro con lo que parece el mayor reto de mi vida, en el cual el accidente no era el único acontecimiento que estaba sufriendo. Estaba pasando uno de los momentos más difíciles en mi vida sentimental, con un divorcio al tercer año de casado y económico, ya que mi negocio estaba inmerso en deudas que no podía pagar. Así que la salud, fue la última de las tres cosas que valoramos en esta vida que estaba tocando fondo.

Pero no todo era malo.

Mi memoria a corto plazo estaba bastante afectada. Mi cerebro parecía que había dejado de grabar. Por varias semanas me costaba recordar el día anterior. Pero algo insólito también me ocurrió. No sólo que mi memoria a corto plazo no funcionaba en condiciones, sino que tampoco recordaba los malos momentos de al menos, los últimos años. Entonces a pesar de mi terrible accidente, era bastante feliz. De hecho, el neurólogo que me diagnosticó, dijo que ocurría con normalidad que el cerebro se *desconecta* del cuerpo para no sufrir tanto dolor, como un método de protección.

Pasadas las semanas, mi memoria lentamente recuperaba su estado normal y junto con ella, los malos recuerdos de los últimos años. Mi mente había revivido los últimos 10 años de malos hechos que había olvidado, en apenas un mes.

Fue entonces cuando unas palabras de un buen amigo mío entraron con fuerza en mi consciente diciendo - *Rudy, estás en la rueda del hámster. Corres, Corrrrrres, pero no tienes claro por qué has empezado a correr, ni qué estás haciendo aún subido en la rueda -.*

Vaya. Ves como tu vida de un día para el otro puede dejar de existir. Desde ese momento, nada era más importante para mí que el **hoy. El ahora.** Los siguientes 6 meses fueron realmente duros. Volviendo al mundo real, intenté escapar de los problemas viajando a San Francisco, buscando solucionar 2 cosas a la vez, la salud de mi empresa y la salud de mi mente. Ahí conocí a gente increíble. Estaba rescatando mi salud a la vez que recargaba mi vida con energía positiva, cuando veo la verdadera realidad en donde todos y cada uno tenemos nuestra *rueda de hámster* personal.

Empecé a leer libros, ver documentales y vídeos en Internet, asistir a clases de meditación, yoga, visualización, motivación y muchas otras cosas. Ocupaba cada minuto libre de mi día a día a aprender sobre la vida. Buscaba cómo detener la exagerada rutina de estrés que me había conducido hasta donde me encontraba.

Cada uno tenemos nuestra rueda de hámster personal

Lamentablemente, ninguna de ellas era lo suficientemente buena para sacarme de mi estado. Me considero una persona perseverante y no me iba a detener hasta encontrar una solución. Llegué a la conclusión de que debía conocer **cómo funciona mi cerebro**. Cómo podían afectar las emociones a mis recuerdos, que habían condicionado mi presente y modificaban mis decisiones.

Realmente buscaba repetir de forma consciente lo que me había pasado. Poder olvidar de forma selectiva los malos recuerdos.

Es obvio que si estás con la moral baja, ves el futuro negativo. Lo que hace que si tienes un reto que afrontar mientras tu mente dice - *Hey, no pinta bien, no lo lograrás* -. Lo más probable, es que realmente no lo consigas.

Y **por qué**. Aproximadamente el 90% de las decisiones, pensamientos y sentimientos son dirigidos desde la parte no consciente de nuestra mente. Repito, no consciente. Nuestros miedos, el desconcierto o un mal presentimiento, deciden convencerte de que *tú no puedes* y sin quererlo ni buscarlo, las cosas no salen bien. Pero eso no es así, claro que lo hemos buscado.

Esta parte *no consciente* del cerebro, tiene una capacidad de proceso varios cientos de veces superior a la parte consciente. Crees tomar decisiones y afrontar razonamientos, pero sin darnos cuenta, todas ellas han sido previamente evaluados por tu parte no consciente habiendo llegado a un resultado del cual tú conscientemente llevarás a cabo.

El primer paso. La reflexión

Básicamente había caído en un pozo donde el trabajo, la salud y el amor estaban pasando por su peor momento. Sí, todo junto, como el dicho - *todos los males vienen juntos* -. Y para salir del literal agujero tenía que cambiar mi vida - *o el cómo la veía* - casi por completo.

Sencillamente quería cambiar mi futuro, pero no sabía ni por dónde empezar. Tenía una pista. Posiblemente no estaba dirigiendo mis acciones y mi vida estaba pronosticada a ser un reflejo de mi pasado.

Empecé realizando una lista de prioridades y fue ahí cuando me di cuenta cuáles son las cosas realmente importantes. Ves que un día sin previo aviso, se te aparece algo en el camino que dice - *Hey! WTF are you doing!* -. Ves de primera mano, que la vida puede cambiar en un instante y ya no es tan claro el porqué de todo lo que estás haciendo y la dirección que has tomado.

No hace falta llegar al límite para darte cuenta que hay cosas que no van bien: no tener tiempo para los tuyos; pensar que el trabajo lo es todo o que los problemas superan en número a las cosas buenas que te pasan.

Te invito a reflexionar un momento. Recuerda un hecho que haya acontecido esta semana. ¿Cuál es el primer pensamiento que se te viene a la cabeza?

____

Por favor, dedica 30 segundos a pensarlo

____

¿Lo tienes? ¿Cuál es tu caso?

1. Si lo primero que te ha venido a la cabeza es algo negativo, es indudable que necesitas un cambio.
2. Si recuerdas algo positivo, es posible que seas feliz con tu vida o que te encuentres en una buena dirección.
3. Y finalmente, si recuerdas algo que no hiciste, es porque estás demasiado preocupado por tu futuro.

No soy una persona religiosa. Soy de mentalidad extremadamente científica. Así que para entender cómo mejorar mi futuro, debía entender si había una razón medible y probada por la cual me habían dirigido a ese pozo.

La rueda del hámster. El futuro que te ha elegido a ti.

¿Alguna vez te has planteado cómo has llegado a donde estás y hacia dónde te diriges?

No hay viento favorable para quien no sabe el rumbo
Lucio Anneo Séneca

Piensa esta frase de Séneca cuánta razón tiene. Muchas veces decimos - *es que las cosas siempre me salen mal* - o directamente - *¿por qué a mí?* -. Aunque lo que pasa es que realmente no nos planteamos qué quiere decir estar bien, ya que depende de nuestro estado de ánimo, la visión que tenemos de nuestro presente y futuro.

En mi caso descubrí que realmente no tenía claro hacia dónde iba con mi vida. Aunque yo creía que sí *hacer dinero, retirarme joven y disfrutar la vida.*

Sé que es el ideal de muchos, pero yo realmente lo intenté. Empecé muy joven con mi propia empresa, antes de cumplir los 20 y pocos años después ya había hecho dinero. Suficiente como para subir el listón y dejar literalmente de vivir para trabajar.

Lo que más me sorprende del hombre occidental, es que pierden la salud para ganar dinero, después pierden el dinero para recuperar la salud. Y por pensar ansiosamente en el futuro no disfrutan del presente, por lo que no viven ni el presente ni el futuro. Viven como si no tuviesen que morir nunca, y mueren como si nunca hubieran vivido.
Dalai Lama

Pero a veces la vida te da una sacudida bien dada y te dice - *oye, ¿qué estás haciendo?*- y es cuando ves que lo único que necesitas para vivir es, comer, beber, dormir y poco más. Todo lo demás son lujos. Si aprendes a entender eso, acabas de comprender la frase - *You are in a Hamster Wheel my friend* -. Increíble frase de mi amigo danés Kim, que fue una de las primeras cosas que recordé tras la pérdida de memoria en mi accidente.

Todos tenemos nuestra rueda de hámster personal. La rueda de la vida que es la dirección que alguna vez hemos tomado.

Capítulo 2. En búsqueda del cambio.

Cada final de año todos intentamos hacer una lista de lo que nos gustaría conseguir para tener un año mejor que el anterior. Aunque hagamos la lista a conciencia, posiblemente al cabo de unos días ya no la recordaremos.

La lámpara de Aladino y los tres deseos.

En mi caso particular, al inicio de 2015 necesitaba un verdadero cambio, así que me esforcé por pensar en positivo sobre mi futuro y escribirlo en 3 frases. Tres deseos por cumplir en ese año, con el objetivo de estar un poquito más feliz. Y no creas que fue fácil tener la lista de deseos, pero la conseguí.

Ahora sólo necesitaba saber cómo cumplirlo. Con una fuerza de voluntad mermada y mi cerebro bloqueado por los problemas, necesitaba una alternativa.

Asistí a una clase de motivación personal que hablaron de la visualización. El imaginarse a uno mismo logrando una meta la cual si consigues vivirla y desearla con mucha fuerza, se cumplirá.

Visualización, interesante. Todos escuchamos hablar de ello alguna vez. En mi caso me dio la suficiente curiosidad para asistir a clases de visualización guiada.

Me encontré, a mi parecer, con una clase de meditación más que de motivación. No veía claro cómo sólo con imaginar, iba a convertirse en realidad. Aún más, en mi estado anímico me resultaba imposible visualizar ese futuro ideal y creérmelo. Y si llegaba a imaginarlo, veía al poco que no se cumplía y me frustraba.

Así que todo eso de la ley de la atracción, visualización y el libro *El Secreto* me parecían más ciencia ficción que otra cosa.

Estudiando la razón científica

Habiendo tantísimos casos positivos e incluso cercanos a mí, empecé a investigar en mis tiempos libres más a fondo el hecho, tomado desde una perspectiva racional y científica. *¿Podía haber algo que yo hacía mal? ¿Será falta de imaginación?*

Aprender a utilizar tu mente con más eficacia, te ayudará a superar cualquier reto. La visualización es un acto simple para el entrenamiento de tu cerebro, ayudando a establecer conexiones neuronales que actualmente no tienes. Es una parte del aprendizaje necesario. Los deportistas utilizan la visualización para aprender nuevas técnicas. Visualizan en su cabeza cada movimiento, gesto y obstáculo. Imaginan cada uno de los pasos que tienen que hacer, movimientos de la mano, de los pies, giros. Todo al mínimo detalle. Eso favorece el aprendizaje, así cuando realmente ocurra, ya el cerebro tendrá las conexiones establecidas y podrás cumplirlo con éxito.

Según estudios de la Universidad de Iowa, la visualización puede hacer algo sorprendente, como fortalecer los músculos al visualizarte haciendo ejercicio en el gimnasio. Los científicos creen que se puede fortalecer la masa muscular casi tanto como si lo estuvieras haciendo de verdad. Con la visualización, el cerebro envía señales eléctricas a los músculos, haciéndolos más fuertes a pesar de que el cuerpo esté en reposo. Es una gimnasia virtual.

El cerebro es como un músculo, si lo entrenas, mejora

Esto ocurre porque el cerebro no es capaz de identificar la realidad de lo imaginario. El simple hecho lo vemos en las pesadillas. Tu corazón se agita, te entra miedo, te duelen los músculos, sientes dolor cuando te golpeas, sientes desesperación cuando tu vida corre peligro. Pero nada es real, todo ocurre en tu mente.

Por otra parte nos encontramos con la meditación. Una de las técnica más extendidas en el mundo occidental es *Mindfulness*, conciencia plena. Estado de relajación, por el cual aumentas la percepción sensorial consciente permitiendo acceder a otras partes de tu mente no tan conscientes y visualizar lo que pasa por tu cerebro sin interactuar directamente con los pensamientos.

Así que por el momento tenía dos fuentes de inspiración por estudiar, pero no sabía muy bien como relacionarlas.

Investigando me topo con un debate científico sobre el verdadero uso del cerebro. Siempre se habló que utilizamos una pequeña parte, aproximadamente un 10%. Y que el resto no hemos evolucionado para utilizarlo. Pero este artículo desmitificaba este hecho. El Dr. Anjan Chatterjee, profesor de neurología de la Universidad de Pennsylvania, decía:

Es completamente un mito que me gustaría saber quién lo ha creado o de dónde viene. Nosotros utilizamos todo nuestro cerebro. Pero no como creemos. La mayor parte de lo que nuestra mente hace no es consciente.

Es imposible saber el porcentaje de cada parte. Pero sí que sabemos, que la mayoría de nuestras acciones son casi automáticas.

En la entrevista se le preguntaba al doctor Chatterjee, si era factible crear una pastilla que desbloqueara el 100% del cerebro, como ocurre en la película *Sin límites* de Bradley Cooper. En donde el protagonista toma una pastilla que le hace ser la persona más inteligente del planeta, pudiendo desarrollar capacidades extrasensoriales e incluso predecir el futuro.

Es verdad. Esa película es ciencia ficción. No obstante existen técnicas probadas de meditación y relajación, que nos permiten acceder a partes de nuestro cerebro no tan conscientes o incluso crear métodos de autocuración.

Así que ya tenía una pista. Había mucha parte de mi cerebro que estaba tomando las decisiones por mí, aunque yo creía que era totalmente consciente de todo lo que hacía. Grave error.

Suficiente para tener curiosidad por saber si se podía utilizar esa parte del cerebro en mi beneficio y en caso de poderse, descifrar el cómo.

El 90% del cerebro que crees que no usas, ¿quieres usarlo?

Todo a nuestro alrededor, todo lo material conocido existe gracias a las vibraciones. En otras palabras, gracias a las frecuencias por las que los impulsos eléctricos, mantienen unidos los átomos que lo componen. Si entendemos que todo son vibraciones y que nuestros pensamientos, también son vibraciones e impulsos eléctricos, que nos impide controlar estos impulsos en nuestro beneficio, pudiendo hasta incluso controlar el entorno.

Otro ejemplo que puede ayudarte a entenderlo es la hipnosis. Te hacen creer que hay una serpiente que sube por tu pierna y el pánico te envuelve, pudiendo incluso experimentar un ataque si sufres de ofidiofobia.

Por otro lado, qué pasaría si todo nuestro cerebro fuera totalmente consciente. Que cada acción que tu cuerpo realice la tengas que pensar previamente: respirar, circular la sangre, hacer la digestión, pestañear, caminar -*primero un pie, luego el otro*-... Vaya estrés!

Por eso, el acto inteligente de nuestra mente es tener gran parte en modo automático y dedicarle un porcentaje reducido a las cosas que no necesitan tanto capacidad de proceso. Por ejemplo, el instinto. La facultad extrasensorial que se relaciona con nuestro sexto sentido.

Se ha demostrado, que el cerebro toma las decisiones con hasta 5 segundos de antelación a ser conscientes de ello. Y ese es el potencial a explorar.

Por suerte esta capacidad cerebral tiene margen. Es decir, que puede hacer más cosas de las que hace. Procesa varios cientos de veces más rápido que tu consciente y utiliza un número mayor de factores para tomar una decisión.

Cuando te presentan a alguien, desde el mismo momento o incluso antes de presentarte a esa persona, tu subconsciente ya ha tomado muchas decisiones. Por ejemplo, si es una chica que quieres ligar, tu cabeza ya opina *-esta es la mía-* o *-no tengo posibilidades-*. O con esta persona no me voy a llevar bien, para lo que luego resulta ser tu mejor amigo. Así que debemos pegarle un repaso y saber el estado de nuestro sexto sentido primero.

Mindfulness, conciencia plena

Es posible que te suene, está ciertamente de moda. Se basa en una técnica de relajación guiada, que te permite separar de forma consciente tus estados emocionales de los pensamientos. Disociado estos estados emocionales de forma efectiva, consigues tener menos estrés o reducirlo hasta llegar a desaparecer.

Esta técnica requiere constancia y dedicación. Al principio y como en cualquier deporte requiere muchísima dedicación para ver resultados, a los que a la larga y con la experiencia, con simples 10 o 15 minutos al día ya serán suficientes. Está también demostrado, que las personas que hacen meditación son más sanas, viven más años, se enferman menos y son más felices.

El problema en mí, radicaba en cómo usaba mi tiempo. Me estresaba sólo el pensar que tenía que dedicar hora y media cada día a ello, en vez de dedicarlo a salir de los problemas en los cuales me encontraba. Más que positivo lo veía una pérdida de tiempo.

Yo necesitaba buscar una solución que no ocupe demasiado tiempo, sea más sencilla de hacer y con resultados visibles a corto plazo.

Fue cuando creé mi mantra por el cual inició el cambio

verdadero en mi vida.

Rudy. Eres un emprendedor nato. Llevas casi 2 décadas creando empresas. Has resuelto infinidad de problemas mucho más graves que éste. Así que esto es un problema más. Busca una solución y búscala rápido. Que el tiempo va en contra tuyo.

Me di mi propio autoconsejo. Me dije a mi mismo que no estaba todo perdido, así que debía espabilar y no quedarme en el bloqueo.

Capítulo 3. Define lo que quieres de la vida.

¿Sabes lo que quieres de tu vida? Interesante pregunta que no todo el mundo sabe la respuesta. Es una pregunta muy compleja. Realmente se necesita tiempo para responderla.

He crecido en una familia de luchadores. Mi padre sacó su primera carrera universitaria estando en el servicio militar obligatorio. Estudiaba a escondidas por las noches para sacar la titulación de ingeniero aeronáutico. Tras sacar esa ingeniería, hizo 2 carreras más y juntas. Ingeniero Medio Ambiental e Ingeniero Metalúrgico. Quería saber mucho y rápido. Quería cambiar el mundo.

A sus 27 años, 2 años después de yo nacer, trabajando en un proyecto de energía nuclear sufre un terrible accidente. Un fallo eléctrico provoca una explosión que le vuela literalmente el brazo. Él recuerda haber escuchado una voz interior que le dijo *cuidado* e instintivamente se protegió la cara cuando aquel artefacto explotó y lo lanzó por los aires a varios metros.

Se encontraba sólo en aquel lugar, así que por su propio pie tuvo que ir al hospital. Llegado a urgencias, el médico que lo atendió le dijo que debían amputarle el brazo o podría morir. Mi padre le comentó al médico

Mi padre desde aquel momento, empezó a imaginar cada día y cada noche, que su brazo se regeneraba y curaba. En su mente reproducía cómo su cuerpo fabricaba células regeneradoras, que su corazón bombeaba hasta el brazo. Él se imaginaba como su cuerpo producía las células que necesitaba su brazo para recuperarse. Imaginaba como su corazón las bombeaba, llegando a su brazo y curándolo.

Tras varios cambios de vendaje y unos cuantos meses más adelante, el brazo se había recuperado.

Esta historia me la contaron muchísimas veces mis padres. Hoy si le miras los brazos a mi padre, te sería imposible saber cuál es el brazo que ha pasado por el accidente, si no fuera por una pequeña cicatriz que le ha quedado en la muñeca.

Mi padre dijo que esta técnica la había aprendido de un premio Nobel de medicina que hablaba del estado de la mente y el poder de la autocuración. Leyó mucho para saber qué era lo que debía producir su cuerpo para recuperarse del daño que había sufrido. La forma y estructura muscular. El sistema nervioso, los huesos. Se documentó tanto de la anatomía, como de la medicina que se debía aplicar. Y se dijo a sí mismo *Alberto, tú te vas a curar este brazo*.

———————

El placebo es igual de potente que su antónimo, el nocebo

———————

Relacionando hechos

Yo estaba convaleciente de salud. Me había roto varios huesos y mi memoria estaba con lagunas continuas. Todo y ello, este no era mi primer accidente grave. En el 2001, justo un mes después del 11S, sufro un terrible accidente en coche. Varias vueltas de campana que dan como resultado 3 vértebras de la espalda rotas.

Me acuerdo perfectamente del accidente que fue como si hubiera sucedido a cámara lenta. Un fallo mecánico provoca que el airbag del conductor salte, dejándome inconsciente por unos segundos. Al despertar, aturdido no sé ni dónde estoy. Un polvo blanco tapaba toda la visión. Tenía el airbag aún medio inflado delante de mi cara, aunque mis manos seguían cogidas al volante. Fue cuando percibo el tiempo como si pasase a cámara lenta. Como si tuviera una cámara de alta velocidad grabando el momento.

A lo que tengo un diálogo conmigo mismo:
- 	*Ay que dolor de nariz.*
- 	*¿Dónde estoy?*
- 	*Ah, en el coche, aquí está el volante.*
- 	*Pero por qué no veo hacia delante.*
- 	*¿Qué es ese chirrido? ¿Me estoy moviendo?*
- 	*Ah, ya paró. ¿He chocado?*

Ese ruido que oía al despertar, eran las ruedas del coche que se deslizaban sin control por la carretera. Cuando el sonido paró, el coche acababa de chocar contra el centro de la autovía que había actuado como rampa, elevando el coche por los aires. Literalmente estaba volando, por eso ya no escuchaba el chirrido de las ruedas. El coche se elevó, girando sobre su eje, para caer invertido sobre el techo y dar varias vueltas de campana.

- 	*Hay joder, carajo.*
- 	*Esto no me puede estar pasando a mí.*

Mi cerebro funcionaba más rápido de lo normal. Sorprendentemente, veo cómo se despliega el airbag poco a poco. Mi brazo rompe el cristal del conductor y sale por la ventana pero justo antes de tocar el suelo el Airbag lateral se despliega, impulsando mi brazo nuevamente hacia el interior. Hecho que me salvó de no perderlo.

- 	*Esto no me puede estar pasando a mí.*

Tras varias vueltas, el coche acabó invertido y deslizándose por la carretera invertido. Mi cabeza estaba contra el techo y el roce del metal hacía saltar chispas por todas partes.

- *Esto no me puede estar pasando a mí.*
- *Esto no me puede estar pasando a mí.*

Segundos después, el coche se detiene, a lo que escucho a alguien gritar:

- *Gasolina. Hay gasolina, ¡sal del coche!*

Rápidamente busco la forma de quitarme el cinturón de seguridad. Pero estoy boca abajo y caigo encima del techo. Salgo por la ventana del conductor rompiendo los pocos cristales que quedaban.

Una vez fuera, miro a mi alrededor. No entendía qué había pasado. Todo indicaba que no había chocado contra nada ni nadie.

Hoy en día aún me sorprende lo marcado que tengo este hecho en mi memoria, tan al detalle, que con un poquito de esfuerzo recuerdo exactamente hasta mis pensamientos.

Me acuerdo perfectamente, verme con cristales por el brazo, la pierna, el coche boca abajo. Se veían unos 150 metros de las marcas de los neumáticos y piezas del coche por toda la autovía mientras llega la policía y luego la ambulancia.

Me llevan a un hospital regional en el mismo momento que llegan decenas de atestados por un incendio de un edificio. Viendo que yo no parecía de los más graves, me dejan en un pasillo sobre una camilla inmovilizado durante un par de horas. Tenía claro que se habían olvidado de mí.

Impaciente y habiendo recuperado la lucidez, me desato de la camilla en la que me encontraba y voy para recepción del hospital:
- *Hola. Quiero el alta. Me va a llevar un familiar a otro hospital porque estoy cansado de esperar.*
- *Señor... señor, no se mueva señor. Tiene que verle el médico. Señor no se mueva.*

Llega el médico corriendo se pone delante mío y dice.

- *Por favor, vuelva a la camilla.*
- *¿Por qué? Hace 6 horas que tuve el accidente y aún tengo los cristales clavados en el brazo y ni me han limpiado la sangre de la cara.*

- *Señor tiene que volver a la camilla por favor*
- *¡Que quiero el alta!*
- *Señor, tiene la espalda rota. Por favor deje de moverse que está a 1 milímetro de quedar paralítico.*
- *Que me voy a otro hospital.*

El enfado me podía con la coherencia.
- *Perdón, ¿qué dijo de paralítico?*

Yo soy lo que se llama, un mal enfermo. No sé estar convaleciente, no soy de seguir los consejos, ni en un hospital, ni que alguien me vea en ese estado. Me guío por mi propio sentido común que no siempre es muy objetivo.

Las pruebas posteriores dan como resultado que voy a tener frágil la columna el resto de mi vida y que posiblemente tenga que usar bastón en 15 o 20 años máximo, no pudiendo hacer ningún tipo de deporte de fuerza por el resto de mi vida.

- *Doctor, veo que no se anda con rodeos. Está bien, pero tranquilo, yo me curaré. Tengo 24 años, y no pretendo estar a los 40 con bastón. Mi idea es seguir con mi vida habitual una vez recuperado.*

Así que guiado por mi instinto, estuve casi todo el año haciendo lo que mi padre me había explicado. Imaginando como mis vértebras se soldaban, se reconstruían y se curaban.

Pasado un año, vuelvo a revisión con el mismo traumatólogo:

- *¿Cómo lo ve doctor?*
- *¿Ha traído las placas del accidente?*
- *Sí, aquí tiene.*
- *Bueno.*
- *Si doctor, ¿Cómo está?*
- *Pues realmente bien. Parece que tu cuerpo tiene muy buena curación y puede que no te quedes secuelas graves.*

Espero no haberme extendido mucho en la explicación. Volviendo al presente, te he contado esto porque recordarás que ahora estoy con otro terrible accidente también. Ahora bien, para este nuevo accidente, lógicamente me han hecho pruebas de la estructura ósea de mi espalda al completo, con TAC y resonancia magnéticas para comprobar el estado de mis lesiones. Pero, ésta vez, en ningún resultado figuraba ninguna vértebra ni cayo formado por el sellado del hueso y su curación, de ningún accidente pasado. O sea, que no figuraba ningún antecedente de lesión previa.

Recuperando el yo interior.

Pues si entonces aquella vez me curé, ¿qué era diferente ahora que todo iba mal y cada vez peor? ¿Por qué no sabía salir del problema? ¿Por qué ahora esto iba a cambiar tanto mi futuro?

Me repito mi mantra:

Rudy. Eres un emprendedor nato. Llevas casi 2 décadas creando empresas. Has resuelto infinidad de problemas muchos más graves que éste. Así que esto es un problema más. Busca una solución y búscala rápido. Que el tiempo va en contra tuyo.

Así que decidí probar la *visualización*. Pero mi estado anímico y mental me hacía imposible el estar 2 horas al día, ni 1 hora, ni tranquilidad para hacerlo. Debía buscar una forma alternativa y esperemos que más eficiente para ver mi futuro ideal.

¿Listo para hacer tu primera prueba práctica?

Hagamos un pequeño descanso de la historia del libro y te voy a intentar acercar un poco al por qué has empezado a leer. Veamos. Si te pregunto ahora mismo, ¿Qué quieres de la vida? ¿Qué esperas de ella? ¿Cuál es tu vida perfecta?

Parece una pregunta muy sencilla, ¿no? Felicidad, dinero y amor. El orden no importa demasiado.

Bien. Ahora, ¿lo podrías describir? Tómate un momento y

describelo como hace un niño de 4 años cuando le dice a sus padres cuál es el regalo que quiere para su cumpleaños. Descríbelo tan bien que cualquiera que lea esta descripción pueda entenderlo. Pero tampoco escribas una historia.

Por favor, dedica 30-45 segundos a pensarlo

¿Lo has intentado? A qué no es tan sencillo. Pues eso es lo que vas a hacer hoy.

Intenta detallar lo que quieres de la vida. ¿Conoces el concepto *elevator pitch*?

La idea básica y resumida del elevator pitch es condensar un mensaje que llame la atención de alguien en pocos segundos o minutos, obteniendo como resultado una entrevista o reunión con esa persona para más adelante.
Fuente Wikipedia

Entre otras cosas, el *elevator pitch* es la evolución de la sabiduría e investigación que dan como resultado una frase perfecta que expresa una idea de forma clara y concisa, sin generar otra reacción que no sea -lo quiero-.

Pues hoy será tu objetivo. 3 frases que definan lo que quieres de tu futuro en este año. Escribe aquello que deseas que se cumpla este año, que aunque no dependa sólo de ti, sería un año que te agradaría recordar.

Para darte un pista de como hacerlo con sentido y que tus ideas de futuro tengan mayor fundamento, tienes que imaginar primero cómo te verías a ti mismo de aquí a, digamos, 20 años.

¿Cuál sería tu futuro perfecto en 20 años?

Mírate en él. Una casa en el mar, dos hijos, un perro, un Ferrari en el garage, un trabajo sorprendente, una salud de roble... Lo que quieras.

Por favor, no continúes leyendo hasta que lo veas.
Funcionará mejor esta técnica, si sigues bien los pasos.

Ahora que ves tu futuro a unos 20 años, ¿Cómo te ves en 10 años?

Imagínate a ti mismo en 10 años

Y para estar así en 10 años, qué debería pasar en 5. ¿Te ves en 5 años?

Ya tienes tu plan. En 5, 10 y 20 años. Ahora ese plan necesita una ruta. Un camino que debes de trazar una estrategia con hitos a cumplir. Entonces llegamos a nuestros primeros 12 meses.

Piensa en 3 cosas reales, que ayudarían a encarrilar tu vida hacia la felicidad interior. Tres cosas que harían tus primeros 12 meses felices. Tus primeros doce meses hacia la vida que acabas de visualizar en 20 años. Ahora parece un ejercicio sencillo, que por cierto lo es, te puedo garantizar que realmente funciona.

Escribe estos 3 deseos de tu año perfecto en un papel. No pretendas cambiar tu vida, ni el mundo que te rodea, simplemente pregúntate a ti mismo, qué daría un poquito más de felicidad a tu vida y hacia dónde quieres llevar tus próximos 10 años.

El objetivo principal es entenderte a ti mismo. Entender lo que realmente quieres y por qué lo quieres. Entender hacia dónde va tu futuro. Detectar cuáles son las cosas realmente importantes y cuáles otras estás perdiendo el tiempo, ya que no te dirigen hacia *tu futuro*.

Por favor coge un papel. Escríbelas. Y no te preocupes si no te salen a la primera, es bastante común. Puede que te tome un par de minutos o bien un par de días.

Tu vida es importante, dedica 10 minutos al día a mejorarla

Como el elevator pitch, esas frases te costarán bastante hacer. Verás que al día siguiente las cambias. Deben ser como un contrato de abogado, debes poner bien las comas y los puntos para no provocar dudas, cosa que cualquiera las leería y entendería.

Nuevamente. Coge un papel, escribe los tres deseos que pueden hacer un cambio en este año. Tómate tu tiempo, el libro seguirá ahí para cuando vuelvas.

Capítulo 4. Asumir la situación.

Antes de continuar. Te voy a finalizar el ejercicio anterior.

He creado una App, justamente para realizar correctamente este proceso y de forma sencilla. La App se llama StartMyDay. Puedes encontrar más información en startmyday.co.

Lee tus frases en voz alta antes de irte a dormir y justo al despertar.

Empezar el día motivado, es la mejor medicina para perseguir un sueño. Recordar cada día los objetivos, es un excelente reprogramador cerebral.

Revisa tus frases. No debes escribirlas como deseos. Sino que las debes escribir en presente o pasado, incluyendo tu nombre o apodo. Por ejemplo -Yo Rudy, he conseguido recuperar mi hombro y tengo el cuerpo más sano que nunca-. Ese fue mi deseo hace unos meses.

Para que tenga mayor efecto y te ayuden a creerlas mejor, intenta leerlas en voz alta la primera semana mientras asocias una imagen que lo defina. Imagínate habiendo superado este objetivo, como si ya fuera real. Vive la situación. Disfruta que ya la has conseguido. Imprime en tu cerebro ese resultado y haz que lo visualice como real. Debes creértelo. Debes asumir que eso es así.

Otro factor que te ayudará. Coge tu móvil y grábate diciendo las frases ahora mismo. Y no las escuches, sólo guárdalas. Pon una alarma para grabarte nuevamente en una semana y escucha ambas, verás la diferencia.

Esas tres frases, léelas cada noche y cada mañana. Verás como pronto tu vida empieza a estar llena de nuevas casualidades. Estas casualidades, para ayudarte aún más, cuando las veas, apúntalas en alguna libreta. En breve te ayudarán a relacionar hechos. Los hechos que te harán ver diferente tu día a día.

El por qué de antes y después de dormir, te lo explico más adelante en el capítulo de ciencia.

Dejamos el ejercicio y volvemos a la historia. Me había quedado en asumir la situación.

Llega final de año y es cuando hago un resumen del patético año que había pasado. El balance era terrible, con casi total seguridad el peor de mi vida. La empresa con enormes deudas, el hombro aún sin buena movilidad, el divorcio. Me veía sin futuro. Al ser empresario no tienes prestaciones dinerarias cuando no trabajas y yo había invertido todos mis ahorros en la empresa.

Aún no tenía fuerzas para afrontar buscar soluciones a todos mis problemas. El mantra era lo único que tenía y lo que había aprendido en infinidad de lecturas y clases, era el único camino que conocía con posibilidades de retomar mi vida. La incertidumbre me bloqueaba. La depresión e impotencia no me dejaba levantar cabeza.

Así que un día le puse decisión y antes de finalizar el año me autoconvenzo de empezar de nuevo. Tenía muchas incertidumbres, así que lo primero que hago es quitarlas todas.

Asumo que todas las esperanzas iban a ir mal. Que me encontraría sin ahorros, con la hipoteca, las deudas de la empresa, los juicios, los impagos de los clientes, el matrimonio no se iba a solucionar. En sí, asumo el peor final.

¿Has tenido una vez un mes o un año que no quieres recordar? Pues no lo recuerdes

---

Me convenzo que ya no puede ir a peor. Todo ha salido mal. Así que a partir de ahora sólo vendría la subida. Hagamos un cambio en tu vida. Un cambio radical.

Empiezo a planificar cambiar de país. Volver a San Francisco y vivir ahí. Decido cerrar la empresa y afrontar las consecuencias. Empezar a hacer yoga para recuperar el hombro. Y escribir las 3 frases que cambiarían mi 2015.

El consciente estaba bloqueado totalmente, pero mi subconsciente parecía que funcionaba bien. Me despertaba con ideas, así que quería potenciar esas ideas.

De todos los males que me afrontaban, lo que sí podía recuperar de nuevo, era mi cuerpo y me centro en ello. Necesitaba tener energías si quería empezar de nuevo. Necesitaba sentirme de nuevo un chaval de 25 años con ganas de comerse el mundo. Y para ello, empiezo a presionar a mi cuerpo como si fuera un deportista.

Paralelamente tenía que entrenar mi mente para corregir los miedos y pensamientos negativos que me bombardeaban y no me dejaban avanzar. Es cuando digo -venga, empieza a recuperar tu vida, empieza algo distinto-.

La recuperación física

Hablaré más extensamente sobre la actividad física en capítulos posteriores, ya que le dedico buena parte del libro un poco más adelante, pero sí que quiero resaltar la importancia en el proceso.

El tener poca movilidad y dolores en el cuerpo, te hacen agravar el estado de impotencia. Debía solucionarlo y corregir la situación. Es importante tener un cuerpo sano para recuperar la mente.

Por lo que empecé a crear un programa personal de recuperación, resultado de los profesionales que había visitado los últimos meses y los entrenadores personales de años anteriores.

En los momentos difíciles, lo que menos buscas es complicarte ahora la vida haciendo ejercicios que te dejan cansado y sin ganas de hacer otra cosa que acostarte. Necesitas algo que te dé energía, no que te la quite.

Necesito un cerebro feliz y motivado, así que no voy a ponerle retos. Al hacer ejercicio hago un programa que se basa en la repetición diaria del mismo ejercicio sin que lo tenga que pensar. Un ejercicio que pueda realizar sin demasiado esfuerzo pero que me deje lo suficientemente cansado para notar que he hecho algo y lo suficientemente fuerte para ver un cambio. Pretendo estar recuperado en menos de 5 meses. Por lo que hago un programa a 5 meses con 5 grupos musculares. Le voy a dedicar un sólo grupo muscular por mes.

Consigo automotivarme. Ver que realmente podía hacerlo. Y poco a poco podía hacer cada vez un poco más.

A los pocos días ya había recuperado parte de mi fuerza de

voluntad. Así que cambio el objetivo de 5 meses de recuperación, a en 5 meses voy a estar como a mis 25 años o incluso mejor.

Asumiendo la realidad, había conseguido motivar a mi mente y decir, por qué. Por qué esa es tu realidad. Por qué, si eso *no* es lo que realmente quieres.

Nuestro cuerpo es una máquina perfecta. Preciso como un reloj suizo.

Cuando sabes lo que quieres de la vida, las cosas parecen ir a otro ritmo. Por mi parte necesitaba creer más en mí y en que este método me funcionará. Dedico muchas horas y días a probar el subconsciente y a todo mi organismo con pequeñas cosas.

Empiezo un entrenamiento más global, algo que tú mismo ahora podrías practicar. ¿Te ves capaz?

Lo primero que pruebo es cambiar las horas de sueño. Me programo mentalmente que tengo que levantarme exactamente a las 7. A todos nos ha pasado. Te despiertas justo antes que el despertador suene, por ejemplo, cuando tienes que hacer un vuelo a otro país y no quieres perder el avión.

Haces una programación consciente de algo que pasará al día siguiente pero tu subconsciente es el que controlará este reloj interno. Soy una persona bastante nocturna, así que fui a dormir bastante tarde, alrededor de la 1 de la mañana. Me fui a dormir diciéndome a mí mismo, -te vas a despertar a las 7, justo antes que suene el despertador-.

Mañana siguiente, sorprendentemente abro un ojo segundos antes que el despertador me suene. Eso me da un chute de confianza increíble. Tengo mi subconsciente a pleno rendimiento y me está escuchando.

Busco por Internet a ver si había algo que hablase de este hecho tan insólito, que controlamos de una forma habitual. Me encontré con varios estudios, de pruebas con estudiantes y análisis químicos sobre los niveles de las hormonas del sueño, pero no descubro que haya una explicación científica clara sobre cómo funciona. Parece ser que el estado de alerta puede trasladarse al sueño. El cuerpo segrega la llamada proteína per, que hace que aumentes tu momento de vigilia aproximadamente una hora antes de lo que te habías programado, despertándote paulatinamente.

Así que si eso lo hice a la primera, qué más podía hacer. Nuestro subconsciente es tan potente, que puede hacer mucho más. En mi caso empiezo a probar la telepatía. ¿Te causé intriga?

Capítulo 5. Casualidad o causalidad.

Cuando descubres que las casualidades no existen.

Ya tenía mis 3 frases apuntadas en un papel que leía cada noche y cada mañana.

Poco a poco las frases iban evolucionando. Las tachaba, reeditaba y cambiaba. Aún así, era complicado acordarme al acostar y al despertar de leerlas. Se me olvidaba.

Los papeles no estaban funcionando. Cuando tocaba la cama me dormía y al despertar, iba directo a prepararme para trabajar sin parar a leerlas. Pienso en que el móvil, es lo primero que uso por la mañana y lo último antes de dormir.

- *Tiene que haber alguna App que haga esto. Alguien haya leído El Secreto, ya la habrá hecho seguro.*

Casi 3 semanas estuve buscando una App que pudiera hacer lo que necesitaba para encarrilar mi vida. Frustrado me dije *-al final la voy a hacer yo-*. Entro en Facebook para preguntar a un amigo donde empezaba mi búsqueda, y veo una publicidad en portada de mi perfil de Facebook, que dice *-Curso práctico,* *haz tu App en 6 semanas-.*

- *Vaya, qué casualidad.*

No dudo en comprar el curso. Pero no eran horas para empezar a estudiar, así que lo guardo para el fin de semana. En general no pensaba realmente que tendría tiempo ni para mirarlo. Estaba resolviendo otros problemas. Aunque ya el haber abierto Facebook y ver la publicidad me causó intriga. Este fue el primer indicio del cambio. Voy a enumerar los más importantes.

Semanas más adelante, desafortunadamente había tenido que despedir al 95% del personal de mi empresa. Estaba dispuesto a hacer un cambio radical en mi vida. Abandonar Barcelona, para ir a vivir en San Francisco. Sentía que si iba a rehacer mi vida, debería ser en otro lugar.

Ya habían pasado 7 meses de mi accidente. Pero si quería ir a vivir a San Francisco, necesitaba extraer la placa de titanio que aguantaba mi hombro. Sabiendo los elevados costes de la sanidad estadounidense, debía hacerlo antes de viajar.

El médico me dice que no debería quitarla sin al menos pasar un año. A lo que insisto y consigo una radiografía y un TAC para corroborar que estaba suficientemente cicatrizada como para poder retirarla.

10 de Febrero, poco antes de cumplirse 8 meses del accidente,

el médico retira la placa y me aconseja pasar al menos un mes de recuperación antes de viajar .

Segundo indicio

Así que mi recuperación fue un poco más que sólo esperar a que cicatrizase. Fue cuando empecé a hacer ejercicio. Adoptando el mismo método que hacía para mi cerebro, lo hice también para mi cuerpo. La filosofía de hacer sólo una acción a la vez. Así que eso mismo adaptado al ejercicio muscular era dedicarle el esfuerzo sólo a un grupo muscular por mes. Lo veía simple, así me ayudaría a coger el hábito, sabiendo que tampoco podía hacer mucho más en plena cicatrización. Capítulos más adelante os cuento el secreto de la recuperación física sorprendente que he hecho.

Sólo habían pasado unos días cuando ya me encontraba de mejor humor y es cuando empiezan ocurrir un cúmulo de acontecimientos por el cual cambiarán mi vida en las siguientes tan sólo 3 semanas.

Busco el curso práctico para desarrollar la App que había comprado y le dedico un par de horas a mirarlo.

> *-Puf, esto no es dos días. Tiene que haber una App que lo haga. Alguien habrá pensado en esto antes.*

Nada, que me volví a frustrar. Necesitaba una forma de recordar lo que tenía que leer cada noche y no servía con papeles ni mi *To Do List*. Necesitaba algo mejor, como una

App.

Así que me decidí, le puse ganas y comencé el curso online. Voilá, 3 semanas después y sólo pudiendo dedicar mis tiempos libres, ya tenía una App funcional para mis visualizaciones.

Indicio tercero

Por fin tenía algo que miraba al acostarme y al despertar, el móvil. Por eso la App fue la mejor solución.

Con el hábito de hacer mi lectura diaria, empiezan las cosas a cambiar. Empiezan a ocurrir una serie de *casualidades* muy curiosas que me llaman la atención.

Un día, recibo una llamada de mi ex mujer. Me comenta que me tiene que presentar a alguien que puede ser muy interesante para hacer negocios con los proyectos de mi padre. Le digo que lo que menos quiero ahora es conocer a alguien referido por ella y para variar, discutimos. Pero esta vez, ella se pone realmente triste. No recuerdo que se haya puesto tan mal con anterioridad por no *aceptar su consejo*:

    - Tranquila. Ya lo veré.

Y no fue tan fácil luego. Tuve que convencerla de que era verdad, que realmente quería conocer a esta persona.

Indicio cuatro

Me voy encontrando con amigos, que me preguntan como llevo mi vida. Saben lo que estoy pasando. Por encima les cuento mi

método por el cual pretendo recuperar mi vida y muestro la App:
- *Qué bien. ¿cómo la descargo?.*
- *Um, ¿la quieres?*
- *Sí claro, yo también necesito un cambio en mi vida*

Así que lo vi claro. La App se había transformado en un objetivo. Hacer algo de valor, mientras recuperaba la salud física y mental, durante mi cambio de vida.

Indicio quinto

Pasado unos días me reúno con el contacto de mi ex mujer, para hablar sobre posibles inversiones en energías renovables, proyectos relacionados con la profesión de mi padre. Veo un buen tipo. Y mi padre y él también se entienden. Distendidamente al acabar nuestro meeting informal, él me pregunta - Y tú, ¿qué haces?

Indicio sexto

Fui realmente transparente. Le expliqué que tenía una empresa de software que por diversos motivos no estaba funcionando muy bien. Pero él me dijo que le parecía interesante y que le mande una presentación que lo quiere estudiar.

Días siguientes, para mi sorprender, recibimos el pago de unas facturas.

Indicio séptimo

- *Bien. Esto me da un respiro de un par de meses.*

Quiero recordar que sólo habían pasado unas semanas desde haberme quitado la placa del hombro. Estaba en plena cicatrización y con poca movilidad, por lo que no podía ir a trabajar, y empecé a dedicar tiempo a mi vida, comenzando por la App.

Un amigo que hace tiempo que no veo, me dice que si nos vamos a tomar una cerveza. A lo que terminamos la tarde en un evento.

En la misma entrada al evento:
- *Rudy, ¡qué tal! Te estaba buscando. Pensé que estabas en Estados Unidos. Justo hace unas semanas pensé en ti para que me lleves este proyecto.*

Llevo al menos 5 años sin ver a esta persona y me lo encuentro saliendo de un evento mientras yo entraba.

¿Indicio octavo?

Me sentía con mayor movilidad en el brazo. Ya me habían quitado las grapas y me encontraba más confiado e impaciente. Así que me propongo empezar a hacer ejercicio de musculación. *Noveno, sí. Sólo habían pasado 4 semanas.*

Esa misma semana, la propuesta que había mandado para evaluar su interés, parece que había dado sus frutos:
- *Rudy, la semana que viene estoy por Barcelona y te quiero hacer una propuesta.*

Bien. A partir de aquí empezó a ir todo realmente rápido. Aunque no podía dedicarle el tiempo que deseaba a la App y se me estaba retrasando, empecé a ver que cuando explicaba a mis amigos lo que había hecho para cambiar mi vida, ellos también comenzaban a cambiar la suya.

Indicio noveno, o décimo, debería dejar de contar.

Ya no estaba tan claro que iba a cambiar de país. Había conseguido un nuevo socio empresarial, justo lo que necesitaba. Y un señor socio. Un emprendedor de éxito, que acarreaba un currículum de haber vendido empresas propias por más de 100 M€ y con ganas de repetir.

Me llama uno de mis mejores amigos, para invitarme a un cumpleaños:

- *Rudy, ¿cómo va amigo? En unas semanas festejamos el 100 cumpleaños de Kim. ¡Vente! Tengo todo preparado. Duermes en mi casa.*

Había sólo pasado un mes desde mi inicio de cambio de vida, cuando ya tenía luz al final del túnel. Mi empresa empezaba a funcionar comercialmente y estaba ayudando a un amigo a levantar su empresa por el cual tenía un buen sueldo como asesor.

Semana siguiente. Salgo a festejar con amigos el cierre del acuerdo de socios y pasamos por delante de una discoteca que no iba desde que estaba soltero. En la misma puerta nos entretenemos, nada, 5 minutos.

- *Oye, esa chica de espalda la conozco.*

La rodeo y me acerco:
- *Rudy: ¿Marta?*
- *Marta: ¡Hola!*
- *Rudy: ¡Hola, qué tal! ¡Cuánto tiempo! Hace cómo...*
- *Marta: Si 10 años.*
- *Rudy: Anda cómo pasa el tiempo.*
- *Marta: ¿Qué hacéis vais a entrar? Yo acabo de salir a buscar una amiga.*
- *Rudy: No lo sé. Cualquier cosa, aquí tienes mi móvil y nos ponemos al día. Me alegro de verte.*

¿Crees que debería de seguir contando las casualidades, indicios o cómo queramos llamarlos? Es algo por lo cuál he creído oportuno remarcar. Por eso la necesidad de que tu hagas lo mismo cuando veas los pequeños cambios.

Finalmente no entro en la discoteca. Pero fue curioso la coincidencia, entretenerme en la puerta y ella justo salir un momento. Día siguiente nos pusimos a hablar por mensaje. Le decía que no había llegado a entrar y ella me comentaba que igualmente poco después se había marchado.

Mientras tanto, me pongo a hacer recuento de la semana. Esa semana habían entrado bastantes ofertas por la web de posibles clientes. Algo que no había pasado hace mucho tiempo, así que

llamo a mi nuevo socio:
- *Alfred, qué bien! Si que os movéis rápido.*
- *La verdad que aún no hemos empezado Rudy. Aún estoy organizando qué equipo voy a utilizar.*
- *Ah. Te comentaba porque han empezado a entrar propuestas por la Web, ¿me las podrías gestionar?*
- *Si claro. Perfecto*

Que curioso. Ofertas por la web. *Inbounds* sin hacer publicidad, sin salir en prensa y sin ni siquiera el nuevo socio haber hecho aún ninguna gestión.

Como te comentaba, con Marta nos pusimos a enviar mensajes durante el día siguiente, a lo que decidimos, por qué no, ir a cenar.

- *Marta: Sabes. Justo el mes pasado te había estado buscando.*
- *Rudy: ¿Y por qué me buscabas después de 10 años?*
- *Marta: No sé, curiosidad. Tenía que renovar el carnet de barco, y cómo nos lo sacamos juntos, quería saber que había sido de tu vida. Pero vi que estabas por Estados Unidos y no dije nada.*

Por lo pronto, tenía que actualizar mi perfil en Facebook. Habían pasado ya 2 meses de mi llegada de Estados Unidos y nadie se había enterado.

Mi socio me comunica que ya tiene un equipo de 3 personas

que trabajarán para mi proyecto.

> *- Alfred: Nos ponemos manos a la obra. Por cierto, de entre los contactos que me pasaste hay un banco muy interesado.*

Si, otro indicio más y varios que me salté. Y si te soy sincero, ya los había dejado de apuntar, ya que eran casi a diario. No me podía creer lo que estaba pasando. Pero era totalmente real.

Algo más que casualidades.

> *- Hola Rudy. ¿Cómo va la App, ya la tienes?*

Hablando con un amigo de que cuando tendría la Aplicación para el móvil que ya había pasado 1 mes. Le comento que ojalá pudiera ir más rápido, pero al hacerla entre mis tiempo libres no puedo hacer mucho más. Y no soy un experto ni mucho menos, hace escaso mes y medio que abrí un curso por Internet. Pero mi amigo tenía inquietud por saber más sobre el método que había creado y a ver si le ayudaba un poco más.

Era curioso, me era natural detectar a quien podía o no ayudar. Lo cierto es que quedé con amigos durante toda la semana para ver si les podía ayudar contando mi experiencia. Les comentaba cómo lo hacía y qué pasos deberían seguir para que den los mejores resultados. Uno era especial, porque había sido mi mentor y ahora era yo quien podía ayudarle con algún consejo.

A la semana siguiente, un amigo me llama:

- *Lluis: Rudy, qué tal! Sobre lo que hablamos el jueves.*
- *Rudy: Sí, ¿qué pasó?*
- *Lluis: Nada malo, al revés. Se me resolvió el primero de mis 3 deseos en sólo 4 días! Tienes que escribir sobre lo que descubriste y lo que estás haciendo. ¡Es sorprendente!*

Va. Que te lo vas a creer. Pocas horas después, recibo un WhatsApp.

- *Laura: Rudy!!! Tengo que decirte algo. De tu método.*
- *Rudy : Funcionó?*
- *Laura: El primer día un desastre. El peor día del mes.*
- *Rudy: Vaya.*
- *Laura: Pero a partir del segundo día empezó todo a mejorar. Y así... hasta hoy :-)*
- *Rudy: ¿Contenta?*
- *Laura: Sí!!!! Yo que soy totalmente escéptica a estas cosas y es la primera vez que me funcionan. Oye que si necesitas testimonios para tu libro, yo soy tu primera fan!*

¿Libro? De nuevo había salido esa palabra en tan sólo 2 días.

Había estado aconsejando a amigos y familiares los 2 últimos meses. Me veían cambiado y por curiosidad preguntaban cuál era mi secreto. Abiertamente esos consejos cobraban vida y tenían frutos con excelentes resultados, así que era el momento de ver si podía ayudar a más gente.

Así que esa misma noche, cené pronto y no tenía sueño ni ganas de ver una película. Y por qué no, puedo hacer un Blog que está tan de moda. Por las noches me siento extremadamente creativo, así que era un buen momento.

Una de la habilidades más importantes para la vida cotidiana, pero que sin embargo solemos subestimar es estar en foco. Estar en foco es la puerta de entrada a estar en flujo. Como la palabra lo dice, te puedes focalizar en una tarea y fluir en su desarrollo. Y es desde los estados de flujo cuando podemos de verdad estar tan inmersos en una tarea que rindamos al máximo con el mínimo esfuerzo. Y disfrutando intensamente de ello.
Fuente http://blogs.lainformacion.com

Abrí el ordenador, y me puse a escribir. El tiempo pasó sin apenas darme cuenta. Finalmente, publico el primer post de un posible nuevo Blog.

-   *Vale, listo, ya es público. ¿Qué son las 5AM? Madre mía, qué tengo reuniones.*

Había pasado 7 horas escribiendo. Cómo se me había hecho tan tarde. Si no me había movido del asiento. Publico el artículo. Y dejo el tema por el resto de la semana.

Llega el domingo y en una conversación con mi padre por teléfono me dice:
- *Estaba muy bien lo que escribiste. Te felicito.*
- *Si hoy me pondré a mirar a ver si publico algo más y después te cuento.*

Abro el ordenador para mirar mis escritos y poner algo de orden. Descubro que mis escritos tenían la friolera de 46 hojas. **¿¡Cuarenta y seis hojas!?** Me sorprendí tanto, que llamé a un amigo que ya había escrito un libro y tenido éxito con él. Me comentaba que él para escribir su primer libro tardó 8 meses, sin estar trabajando. Ocho meses dedicados a ese libro. Y yo 7 horas y media para escribir cuarenta y seis páginas.

Escribí mensajes y preguntas a varios amigos expertos en edición de libros, meditación e incluso otros emprendedores como yo, sobre cuál era su opinión al respecto. Finalmente horas después, escribo a mi padre:
- *Viejo. Voy a escribir un libro.*
- *Sabía que dirías eso. Hazlo porque es genial.*

Capítulo 6. Creérselo.

Demasiados hechos para sólo 5 capítulos. Bueno, seis, si contamos el capítulo 0. Llegados a este punto te voy a hacer un resumen de lo que me pasó en aproximadamente 5 semanas.

Me encontraba mal de salud, sin fuerza de voluntad, con un futuro bastante oscuro y muy mal sentimentalmente.

Tan sólo cinco semanas más tarde. Mi empresa estaba con nuevas perspectivas. Entraban clientes potenciales solos a través de la Web sin haber hecho ninguna campaña ni comunicación. Había visto a una amiga que no veía hace 10 años. Me cruzo con un amigo que tampoco veía hacía casi el mismo tiempo y ambos me buscaban hacía unas semanas.

El viaje a Dinamarca.

- *Hey Rudy. Te veo bien. Estás mucho mejor de hace un mes cuando te llamé. ¡Y parece que también te cuidas! Estás más delgado y fuertote.*

Me comenta Christian al aterrizar en Copenhague, para festejar el cumpleaños de mi amigo Kim y su mujer.

Mi hombro parecía recuperado. Estaba musculando el cuerpo como nunca antes a una velocidad sorprendente con tan sólo 15 minutos al día. Mi vida había cambiado. Ahora todas las noticias eran buenas.

> \- *Hey, vamos a aprovechar que tenemos la tarde libre que te cuento un proyecto que quiero que lleves a España. Hace un mes que lo vengo pensando y no quería decirte nada hasta vernos. Pero con tus conocimientos y contactos es una mina de oro. Y tranquilo yo lo financio.*

Venga ya. ¿De verdad? Si hace un mes me dices que iba a ver una chica que me iba a entender a la primera, que tendría un socio que estaría vendiendo mi producto antes de tener equipo y que 2 amigos me iban a dar proyectos de dinero llave en mano, en ese mismo momento y sin avisar, te hubiera como poco, *pegado*.

Llegado el atardecer, comenzó el cumpleaños de mis grandes amigos Kim y Bettina. Dos de las personas más cercanas a mi y un ejemplo a seguir. Música en vivo. Varias localizaciones. Buena comida y un excelente ambiente.

Entrada la noche todos teníamos una alegría particular. Suele pasar que si intentas seguir el ritmo de un vikingo en las bebidas, acabas con la risa tonta.

> \- *Hey! Hola. ¿Qué tal, con hambre?*

- *Sí un poco.*
- *Ven vamos a pedir algo. Por cierto, Soy Rudy.*
- *Henning, encantado.*

Mientras esperábamos la comida, me pongo a hablar con este nuevo amigo y conectamos a las mil maravillas. Hablábamos de cosas abstractas. Con el alcohol hablas mucho y en realidad dices poco. Saltábamos de temas de la vida, la trascendencia, el cuerpo. Me empezó a contar técnicas de artes marciales.

Hora después que seguíamos delante del puesto de comida, y fue cuando le digo:
- *Rudy: Bueno y tú, ¿qué haces de tu vida?*

Bettina estaba cerca y dice:
- *Bettina: Rudy, es Henning Deverne. ¿No sabes quien es?*
- *Rudy: Ni idea.*
- *Bettina: Es experto en artes marciales.... ehm... ¿cómo se llamaba?*
- *Henning: Wingtsun*
- *Bettina: Eso Wingtsun y gurú mundial en materia de meditación. Autor de varios libros y programas de televisión, ha ayudado y guiado a miles de personas hacia lo que se conoce como -Mindfulness, conciencia plena-.*

Vaya ya decía yo que habíamos conectado. Con razón teníamos varias cosas en común que hablar. Henning llevaba más de 30 años como profesional de la meditación.

- *Henning: Pues ahora estoy haciendo una App. Mi aplicación se utilizará para ofrecer una meditación guiada de forma sencilla y en cualquier parte. Yo hablaré en cientos de sesiones.*

La abre y me dice, ésta:
- *Rudy: ¿Se llama Good day?*
- *Henning: Si.*
- *Rudy: No te puedo creer, mira como se llama la que yo estoy haciendo, Start My Day.*

*Cuanto más planifique el hombre su proceder,
más fácil le será a la casualidad encontrarle.*
Friedrich Dürrenmatt

Me explicó el verdadero arte de la meditación. El arte de tener la mente libre. De contemplar un paisaje. De relajarte. De tener todos los sentidos abiertos hacia las emociones. De disfrutar.

La verdad que estoy por decirle que los cientos de vídeos que tiene en danés, se los traduzco a español, porque en 10 minutos de hablar con él, te sientes otra persona. Estuvimos cerca de 2 hs hablando estableciendo una excelente amistad.

No puedo explicar por texto lo que él hace con su voz, pero quiero transmitirte que no existe un más allá de las cosas.

No existe una alineación interplanetaria que hace que tu vida sea un desastre y todo parezca en contra tuyo.
El destino no está escrito. Tu creas tu destino cada día.
Tú creas tus amigos, tus relaciones.
Tú eres el único que domina tu cuerpo y mente.
Tú debes entender que puedes controlarlo y con un poco de comprensión de ti mismo y del entorno, lo conseguirás.

Me fascinaba todo lo que sabía del tema. Entonces le comparto lo que estaba haciendo, que se había transformado en una técnica. Necesitaba conocer su opinión como experto.

- *Henning: ¿Y si te digo que esto que estás haciendo es una técnica milenaria que la gente de éxito conoce y que tú estás recuperando?*

Me explicó el porqué de muchas cosas. Le fascinaba que había descubierto ese pedacito de cultura milenaria perdida entre la evolución moderna de la sociedad occidental.

No existe la casualidad, y lo que se nos presenta como azar surge de las fuentes más profundas.
Johann Christoph Friedrich von Schiller

El agnosticismo.

El agnosticismo, de hecho, no es un credo, sino un método, cuya esencia radica en la rigurosa aplicación de un único principio. [...] Positivamente, el principio puede expresarse: en cuestiones del intelecto, sigue a tu razón tan lejos como ella te lleve, sin tener en cuenta ninguna otra consideración. Y negativamente: en cuestiones del intelecto no pretendas que sean ciertas las conclusiones que no han sido demostradas o no son demostrables.

Siendo totalmente agnósticos, es muy probable, que si me dices que lo que ha provocado mi fracaso personal, viene dado por no saber a donde dirijo mi vida y no al tremendo esfuerzo que le dedico a ella, te diría:

- *Ya claro. Lo que iba a oír.*

Pero es obvio. Piénsalo objetivamente. Como vas a tener éxito en un camino, de intentar llegar a una meta que no tienes claro cuál es. Si no sabes la meta, ¿cómo estás decidiendo el camino?

En cuanto puse las metas claras. En cuanto puse motivación y pasión, todo empezó a cambiar. Mi salud comenzó a recuperarse poco a poco. Eso me daba energía para luchar. Luego vinieron las *coincidencias*, las amistades que ayudaba, las personas que me cruzaba y el destino que empezaba a escribir.

Aunque sea inverosímil, y desde el agnosticismo, las pruebas están ahí. He estado unos meses sin escribir sobre el libro, porque quería dejar el impulso y la alegría de mi cambio un respiro. Ser más objetivo en lo que escribía. Siendo así, todo siguió mejorando y en la misma vía.

Conseguí inversión en mi empresa. De socio a Telefónica. Tengo en mi equipo a ex Directores Generales de las mayores empresas del mundo. Estoy en proyectos que me encantan. Por qué ocultarlo. Estoy feliz.

Ahora me dedico a predicar lo que llamó un amigo en broma, *el método Rudy*. En cuanto tengo tiempo, en cuanto mi instinto lo percibe, de forma desinteresada dedico mi tiempo para conectar con esa persona que creo que necesita un consejo.

Veo como ellos dan una oportunidad a creer que sólo 10 minutos al día pueden marcar una gran diferencia. No tienen nada que perder y todo por ganar. A los pocos días, ellos ya empiezan a ver un cambio. Es el caso que si lo llevas bien, parece un cambio bastante permanente.

Han pasado meses desde que empecé con este libro y lo dejé madurar, pero mis amigos pasaron de pequeños impulsos de motivación, a grandes cambios positivos en su vida. Cambios visibles. En su cara, en su felicidad y sobre todo, en los hábitos.

Ayer mismo un muy buen amigo que vi hace unos meses muy mal anímicamente, realmente creyó que este método le podía ayudar. Ayer me sorprendió:
- Jordi: Rudy! ¿Cuándo nos vemos? Ahora estoy viviendo en Madrid. Este fin de semana estaré en Barcelona.
- Rudy: ¿En Madrid?
- Jordi: Si con Mahou de San Miguel. Por cierto, me caso.
- Rudy: ¡Felicidades tío! ¡Vaya sorpresa!
- Jordi: He conseguido todo lo que apuntamos en aquel papel en verano en sólo 3 meses. ¡Oye, que necesito más sesiones!
  Tengo a mi futura mujer sin trabajo desde Noviembre desesperada. ¿Crees que puedes ayudarla?

Parece que hiciera milagros y esa es la única parte que no me gusta. Al no ser religioso, no puedo atribuir un evento a la intervención divina. Pero si quieres creerlos, créetelos como milagros. Están en tu poder y puedes hacer milagros a diario si te lo propones.

Capítulo 7. Los buenos hábitos.

Cuántas veces habrás escuchado -*Necesito un cambio*-. Sin ir más lejos, tú mismo, cuántas veces te has dicho -*Quiero cambiar mi vida*-.

Los cambios no caen del cielo. Los cambios no vienen sólo detrás de ganar la lotería. Los cambios vienen detrás de cambiar, valga la redundancia, algo en nuestra vida.

Si quieres cambiar tu vida, ¿a qué esperas para cambiar algo?

Los buenos hábitos son esenciales en nuestra postura ante el mundo. Para enfrentarnos a los problemas, debemos estar fuertes y sanos.

¿Te falta inspiración y energía?

Hay días que estamos más inspirados que otros y parece que no los podemos controlar. Pues, debes utilizarlos. Si tienes una idea ponte a escribirla, no la dejes para mañana, porque posiblemente esa idea cambie, desaparezca o lo peor aún, que no la recuerdes.

Incluso. Diría que cuando estoy inspirado, el cerebro parece que funcionase mucho más rápido de lo normal. ¿Te digo un secreto? *Es que realmente va más rápido.*

Por ejemplo ahora mismo he escrito un artículo de 4 páginas en 20 minutos, y seguramente que si lo hacía en un día normal, me hubiese llevado horas.

He sido diseñador, director de arte, llegando a fundar mi propia agencia creativa y una de publicidad. Por ello, en mi pasado he estado buscando infinidad de formas de atraer a la inspiración - *y sí, esas también las probé :-)*.

La inspiración por suerte o por desgracia, es una de las cosas que no podemos del todo controlar. Generalmente nos viene cuando menos lo esperamos. Aunque si la podemos intentar buscar.

Hay una forma muy sencilla que libera tu cuerpo y mente, permitiendo conectar contigo mismo y abrir un canal a la inspiración y la productividad. Caminar.

Caminar es una de las poquísimas actividades de las cuales conectas contigo mismo y con tu lado más espiritual y creativo.

Hacer diferentes movimientos del cuerpo no sólo es adecuado para los huesos y los músculos. Se puede preparar el terreno para un cerebro sano. Con el entrenamiento adecuado y una buena actitud, puedes vivir una vida con la cabeza despejada.

Si necesitas resolver un problema y no te sale, coge un bloc de notas y vete a caminar.
Si estás cabreado, sal a caminar.
Si crees que debes hacer ejercicio pero no tienes tiempo, intenta ir caminando a tu trabajo, comenzarás el día de mejor humor y más activo.

Sorprenden los enormes beneficios de una actividad tan sencilla como caminar.

Lo que pasa cuando caminamos *y no a velocidad de galope, simplemente caminar lento y con calma*, es que estableces un estado corporal de pulsaciones estables, sin alteraciones. La sangre circula por todo el cuerpo. Tu cerebro no necesita un gran procesamiento, tus músculos no tienen prácticamente tensión alguna, así que provocas un estado de bienestar global perfecto para recuperarte. Lógicamente si caminas mucho te cansarás, pero ese no es el objetivo, el objetivo es liberar la mente y recuperar tu salud.

¿Quieres saber más? Caminar: Receta para la salud y la felicidad:
http://www.calpma.org/visitors/foothealth/espanol/walking

Música

Que importante es para nosotros el oído. Es uno de los sentidos por el cual accedemos a nuestros recuerdos, a nuestros sentimientos más profundos e incluso a nuestras partes del cerebro que creemos ocultas o inaccesibles.

El oído es el sentido más sensible en alterar nuestro biorritmo

---

A través del oído y la palabra podemos manipular a nuestro entorno. A través del oído, podemos cambiar nuestro estado anímico rápidamente. Es el caso que si ahora escuchas un perro ladrar de tu vecino que no calla o gritos en un bar que estaba tranquilo, te será difícil no inmutarte. Lo mismo pasa con la música que nos gusta. Esa música que sabemos que nos pone una sonrisa en la cara, nos pone melancólicos o bien nos llena de energía.

Los efectos beneficiosos de la música sobre la salud mental son reconocidos por milenios. Filósofos en la antigüedad, desde Platón hasta Confucio y los descendientes de Israel cantaban las alabanzas musicales y las usaban para calmar la tensión. Las bandas militares utilizan la música para desarrollar confianza y coraje.

La música, también es un potenciador de partes del cerebro, como la memoria. Es de saber general que recordamos más un lírico de una canción, que una frase sin melodía.

La música es tan eficaz para reducir la ansiedad, que a menudo se usa en entornos dentales, preoperatorios y de radioterapia para ayudar a los pacientes a reducir sus preocupaciones.

También para dormir. Una música relajante nos da sueño aunque no lo busquemos. Cómo cuando estás en un Spa. Ese sonido ambiental que te relaja y destensa tanto que caes rendido en las hamacas.

Cómo representa la música nuestro cerebro:
- Ritmo: Corteza frontal izquierda, corteza parietal izquierda, cerebelo derecho.

- Tono: Corteza pre frontal, cerebelo, lóbulo temporal.
- Letra: Área de de Wemicke, Área de Broca, Corteza motora, Corteza Visual y las zonas correspondientes a las respuestas emocionales.

Hablar de música es también hablar de silencio. La importancia del silencio. La brisa del aire. El sonido del mar.

Debemos buscar cuál es nuestro ritmo en cada momento. Debemos entender que quizás un sonido puede afectar a nuestras decisiones. Los expertos en marketing utilizan nuestros sentidos de forma que nuestro inconsciente tome decisiones favorables hacia la compra de sus productos.

Así que debes utilizarlos también para beneficio propio. Por eso es tan importante leer en voz alta nuestros deseos. Decir en voz alta lo he conseguido. Festejarlos.

Si queremos aumentar el bienestar mientras dormimos y conseguir mayores resultados en nuestro acceso al subconsciente, os recomiendo un sonido tranquilo, como las olas del mar o la lluvia, mientras repites en voz alta e imaginas tu futuro perfecto cada noche.

Por la mañana es distinto. Primero visualiza tu futuro y luego puedes escuchar música para activarte emocionalmente. La música nos dará energía o la quitará, siendo leer tus metas lo primero que debes hacer al despertar, cuando tu cuerpo aún está en medio de la somnolencia y relajación interior, por el cual tendrás mayor facilidad en el acceso a tu subconsciente.

Socializar

Y con ello no quiero decir crear un perfil en Facebook. Hablo de hacer nuevas amistades, en persona.

Si estás pasando por un momento malo en tu vida, será un momento perfecto para apoyarte en otras personas. A veces tus amigos no están preparados para escuchar las malas noticias que pasan por tu vida. Simplemente tienen suficiente con las suyas. Tampoco es bueno ni positivo entrar en un bucle hablando siempre de lo mal que estás y de los problemas.

Por ello debes salir y buscar nuevas amistades más afines a tu estado actual. No voy a hacer de Hitch y enseñarte a ligar o cómo hablar en público, aunque en mi blog doy muchas recomendaciones sobre ello.

Te recomiendo socializar de la forma que más se adecue a ti. Hay muchas formas de socializar sin compromiso con gente afín a ti. Por ejemplo meetup.com. Hay eventos cada día, da igual donde estés en el mundo, allí habrá un evento. Es temático, así que puedes elegir que te gusta. Pero también te recomiendo hacer cosas nuevas, como intercambiar idiomas, así conocerás otras culturas alrededor del mundo. Ello te abrirá la mente.

Internations.org es otra página donde personas de diferentes países se encuentran para compartir experiencias. Eurocircle en EEUU hace posible que conozcas europeos en América.

La lista es bastante larga de recursos que pueden ayudarte a conocer gente, pero con estos tres, puedes empezar.

Luego el siguiente paso es tener *experiencias* que compartir. Es muy probable que si llevas una cierta monotonía en tu vida, a veces quieras llegar a un lugar donde literalmente puedas escapar.

Hay muchos eventos los cuales pueden potenciar el vivir nuevas experiencias. Meetup.com mismo puede ayudarte. Desde caminar por la montaña, o aún más allá, por hacer deportes como rafting, escalada, barranquismo o bicicleta. Y si no eres de deportes, también hay juntadas para ver el atardecer en barco, ir en globo, o conocer gente disfrutando de una buena comida o degustación de vinos con eatwith.com.

Vive la vida creando experiencias suficientes como para escribir tu propio libro

---

Excusas, debes olvidarlas. Siempre tendrás 1 o 2 hs para poder socializar y crear una vida con nuevas experiencias. Esas experiencias son las que necesitas ahora mismo.

Dormir. Realmente descansar lo suficiente.

¿Por qué es tan bueno mantener tu cuerpo en forma, dormir bien y mantener los horarios?

El equilibrio del cuerpo es esencial para tu bienestar tanto social como personal. Si estás bien contigo mismo casi seguro que lo estarás con todo lo que te rodea. Sin descansar lo suficiente, nos encontraremos sin energía, con poca fuerza de voluntad y nuestro cerebro suele ir más lento. Todo a nuestro alrededor es diferente estando cansados.

Mientras dormimos nuestras neuronas se reconfiguran. Se limpian. Es lo que hace que recordemos hechos. Durante el sueño nuestra mente guarda los hechos del día. También nuestra columna se estira y expande, presionada por muchas horas de aguantar a nuestro peso corporal. También, cuando estamos enfermos, debemos dormir lo máximo posible para acelerar el proceso de autocuración. Ello es porque las células se concentran en sólo una cosa, y es curarse, en vez de afrontar la rutina diaria.

Dormir de noche, renacer de mañana:
La luz sola nos estimula: es indispensable para nuestro organismo, transmitida a través del nervio óptico, actúa sobre la glándula pineal, del tamaño de un guisante y situada en el hipotálamo. Esta glándula regula los ritmos de la vida, armoniza el sistema endocrino y fabrica la melatonina, hormona cuyo descenso se relaciona con el envejecimiento y la falta del deseo sexual. Se segrega principalmente por la noche y se inhibe con la luz del día: de ahí la importancia de dormir bien, también se ve afectada por la luz artificial y los campos electromagnéticos por lo que se recomienda no encender la luz si nos levantamos en mitad de la noche y prescindir de aparatos eléctricos cerca de la cama.
http://develandolasalud.blogspot.com.es/2014/07/el-biorritmo-y-como-usarlo.html

Exceso de la tecnología.

La tecnología nos aleja de la realidad y la conexión con nuestro entorno. Ahora mismo estoy viendo un documental de National Geographic en donde estudian el cerebro de cientos de personas interactuando con la naturaleza. El cerebro necesita de la naturaleza para funcionar con normalidad. Hace 20 años no teníamos móviles. Hoy en día no sabemos cómo vivir sin ellos.

¿Qué pasa en nuestra cabeza cuando usamos la tecnología?

Desde la neurociencia, se ha estudiado que el córtex prefrontal se satura con el estrés. El córtex prefrontal es la región del cerebro asociada con la toma de decisiones y con el comportamiento cognitivo complejo. Un simple paseo por un parque, en un entorno con la naturaleza, sin tener ni siquiera el móvil cerca o estar pendiente de él, puede reducir la actividad del córtex prefrontal asociado con la reflexión y la depresión.

Desde la corteza cerebral, tu cerebro produce sustancias denominadas hormonas endógenas, que bien podrían llamarse *drogas de la felicidad*.

Por enumerar algunas de esas sustancias:
La oxitocina, que se produce cuando existe un amor pasional y se relaciona con la vida sexual.
La dopamina, que es la droga del amor y la ternura.
La fenilalanina, que genera entusiasmo y amor por la vida.
La endorfina, que es un transmisor de energía y equilibra las emociones, el sentimiento de plenitud y el de depresión.
La epinefrina, que es un estímulo para el desafío de la realización de metas.

Es muy probable que a estas alturas, seas una más de las personas que estamos habituadas a leer en el móvil o bien pasar horas delante del ordenador. Podría enumerarte mil problemas que causa el efecto de la tecnología, como vista borrosa, dolor de cabeza, contracturas, sobrepeso, antisocialidad, etc. y etc. Aunque tendrían el mismo efecto en tí que los mensajes de los paquetes de tabaco para un fumador o los anuncios de publicitarios en un portal de noticias online.

Dado que no estoy aquí para *domesticarte* sino para guiarte sobre la lógica de las pequeñas cosas que pasan por tu cuerpo y el por qué a veces no entiendes que no tengas fuerzas, que estés de mal humor o simplemente tú te notes bien, pero los demás te digan -*¿te pasa algo?*-.

Hoy en día lamentablemente no controlamos la tecnología, ella nos controla a nosotros. Yo por ejemplo, tengo la mala costumbre de que mi cerebro activa el lado creativo justo cuando voy a dormir. Ahora mismo son las 2 AM y estoy mal puesto en la cama con el iPad escribiendo estas páginas. Pero aprendí una cosa, que si no me puedo sacar de la cabeza lo que tengo justo antes de dormir, no voy a dormir bien.

Hay muchos método de relajación antes de dormir, los cuales son muy útiles y podemos usar sin mayor esfuerzo. Uno muy efectivo se basa en escuchar y contar nuestra propia respiración.

Escuchando y contando nuestra respiración, conectamos con nosotros mismos

De entre otras cosas relevantes que podemos enumerar sobre los efectos secundarios de la tecnología, se encuentran los malos hábitos de la tecnología nos provocan que estemos más horas de las que debemos delante de pantallas: de la televisión, del móvil, del ordenador... generalmente en malas posiciones o si bien puede que estemos bien sentados *-que es complicado porque el tema postural es el problema de contracturas del 99% de los informáticos-*, igualmente el tiempo que pasamos delante de las pantallas nos pasa factura.

La postura ante un trabajo sedentario.

He tenido varias empresas y todas relacionadas directamente con el uso de tecnología. Así que no solo fue una afición que me traslado mi padre con mis apenas 2 años y me dura hasta ahora, sino que el futuro de la mayoría de los puestos de trabajo de las últimas 2 décadas están relacionados con ordenadores. Así que sabiendo que los debemos usar, al menos que no nos pase factura o bien que nos pase la menor posible.

Hagas lo que hagas delante de la pantalla, tardará más o menos de 5 a 15 minutos en adoptar una postura de tensión. Si bien porqué te vas acercando poco a poco a la pantalla para aumentar tu concentración o porque adoptas una posición rígida y necesitas cambiarla. Cualquier cosa hará que en un rato incluso tras leer un poco de este libro, tengas mal puesto alguna parte del cuerpo, sobre todo el cuello y los hombros.

No hay un método sencillo para hacerlo bien. He ido a posturología *-ayuda pero no soluciona-*, a traumatólogos, fisioterapeutas *-con entrenador personal 20 meses-*, quiroprácticos... sólo me falta acupuntura que en cualquier momento iré. La razón de haberlo intentado todo, es que sufro mucho de contracturas por vida ajetreada generalmente sedentaria, delante de ordenadores.

Lo he intentado todo buscando la solución perfecta, pero no existe. Lo que sí me han hecho es un experto en músculos y huesos. Al sufrir durante tantos años de contracturas crónicas, tengo unas manos prodigiosas para encontrar músculos que están sufriendo, sean en mí como en otras personas. Detecto con relativa facilidad un músculo que sufre y sé cómo aliviarlo. *Algo que sirve mucho para las relaciones de pareja.*

Pero no es algo crónico como creía, porque realmente sí que se van, y más rápido de lo que pensaba. En vacaciones, a los 2 días de estar mirando al cielo en una hamaca en el caribe, por arte de magia, no tengo dolores en la espalda, y paso las 2 semanas como si nunca las hubiera tenido.

Es lógico, es postural. Estuve hablando con tantos especialistas diciéndoles que no sabían hacer su trabajo. Así que entiendo perfectamente el por qué estoy dando este consejo.

Debes ponerte, aunque te sea molesto algo que te levante cada hora o cada dos horas de tu asiento.

Te doy algunas ideas para ello.

Dejarte el agua lejos, así te levantas para cogerla. Pero evita la deshidratación, es síntoma de mareos y eso quizás es peor que la contractura :-)

Otra cosa que también funciona, es trabajar con portátil y en batería, así cuando se acaba, sabes que tienes que levantarte y estirar un poco los brazos y todo aquello que no hayas movido en el último par de horas. Por cierto, trabajar con portátil es malísimo para la postura, te hace que tengas la cabeza generalmente mirando hacia abajo provocando severos dolores de cuello y hace que tires los hombros hacia delante, porque tienes el teclado más alejado de lo que deberías para no tener demasiado cerca la pantalla. Así que si trabajas con portátil te recomiendo un teclado, ratón y pantalla anexos.

Horarios

Soy de los que opinan que no todos somos productivos a las mismas horas. Pero hay algo común. Si no duermes bien, no rindes. Hasta los 25 años nos sentimos sobre-humanos, durmiendo 3hs después de ir de fiesta y saliendo a hacer deporte al día siguiente. Pero después de los 25 la cosa cambia y mucho.

He probado infinidad de técnicas para medir mi productividad personal que te recomiendo que pruebes este mes. Dormir antes y despertarse antes. Está comprobado que es cuando mejor se descansa, y cuando más fuerte está el cuerpo al dia siguiente. Pero aunque tengo la absoluta conciencia de ello, no lo practico. Lamentablemente en mi caso soy una persona más bien nocturna. Por las noches es cuando más activo está mi cerebro, aunque el cuerpo y los ojos me piden a gritos descansar, mi cabeza es un mar de ideas. Eso es porque mi cerebro no para de soltar ideas una detrás de otras.

Pero para los días que realmente necesito productividad sobre cuestiones no creativas, me voy a dormir temprano y me levanto temprano. De esto se encarga el biorritmo.

Un dato con mayor peso, estudios demuestran que trabajar con luz artificial y de noche, hace perder un 400% la vista antes de tiempo, sobrepeso, tensión alta, pérdidas de memoria, aumento de posibilidad de diabetes y envejecimiento prematuro. Lo de la vista está claro y no entraré en detalles, pero a que lo demás no sabes por qué es debido.

Si te causa curiosidad aquí lo explican :
http://elpais.com/diario/1999/11/14/sociedad/

Otro factor importante, el sueño no se recupera.

Siempre decimos -ya dormiré mañana-. Grave error. Las células que matas cuando no duermes no se multiplican cuando duermes. Esto entre otras cosas, te hace envejecer más rápido.

Pero también puedes decir -prefiero aprovechar cada minuto de mi juventud, que la eternidad de mi vejez- o - Carpe Diem-. Puede. Pero por lo general tu juventud tendrá menos energía y durará mucho menos tiempo. Si ves a los famosos que parecen que duerman en formol para conservarse y que tienen 45 y les das 25, a parte de invertir millones de euros en cremas y operaciones, el factor común es que cuidan su cuerpo y sobre todo su sueño. El sueño es lo que rejuvenece y recupera a tu cuerpo y el mal dormir hace el efecto contrario.

Así que si un día estás realmente cansado, primero duerme y luego trabaja.

Yo hay días que tengo infinidad de cosas por hacer y ya asumí que no las hago bien si estoy cansado. Da igual lo que tengo que hacer, me voy a dormir la siesta, porque esos 30 minutos que paro, me hacen rendir 500% más. Y si la siesta no ha sido suficiente, voy a hacer ejercicio para hacer circular la sangre y despertar al cuerpo. Y si eso aún es insuficiente, prefiero ese día no trabajar, porque se que todo lo que haga no servirá de mucho y las 8hs que le abre dedicado serán igual de 2hs o menos del día siguiente.

La recompensa.

¿Cuándo ves que ha valido la pena? Si cuando llegas al premio, no lo festejas, no estás valorando el esfuerzo. El humano es así de especial. Si no valoramos las cosas, perdemos el interés. Por eso generalmente cuando conseguimos algo, antes de conseguirlo ya hemos cambiado la meta y perdemos el interés por la meta pasada. Pero claro, si las cosas se tuercen, estaríamos eternamente felices si *al menos* se hubieran cumplido.

¿Le ves a eso lógica?

Si empiezas a festejar las pequeñas cosas de la vida, apreciarás mucho más lo que tienes. Entenderás el esfuerzo y el valor de lo que has conseguido. Porque siempre hay una otra elección, que podía haberte llevado al fracaso. Por lo tanto si consigues algo, **¡FESTÉJALO!**

El festejar hace que tus neuronas conecten en un sentido beneficioso permitiendo aportar el camino apropiado para generar nuevas y grandes ideas. Eres un triunfador. Todo te sale bien. Estar motivado, es un estimulante de vida que nunca debes perder.

Algo más por saber para mejorar la automotivación en nuestro día a día:

- Dirige tu vida: el arte de saber y poder dirigir tu vida como tú quieras y no ser dirigido o administrado por tu entorno u otras personas, alimenta una cualidad muy importante que es el compromiso. Al autodirigirte, te comprometes con ello.

- Tener un propósito claro: apoya las tomas de decisiones y a obtener mejores resultados, permitiendo descubrir tus talentos. Curiosamente debes buscar un propósito que no sea puramente económico, ya que está demostrado que el rendimiento será peor.

- Automejora continua: una vez puedes dirigir tu vida y lo que haces en la vida tiene propósito, eso te dará una energía y vitalidad extras, que te ayudarán a resolver cualquier obstáculo sin debilitarte.

Por eso debes festejar las pequeñas cosas. No esperes a no tenerlas. A veces, la satisfacción de un trabajo bien hecho sirve por sí sola, pero no está de más complementarla con algún detalle hacia nosotros. Estamos hablando de un paseo por un lugar que nos guste, un baño relajante, de una tarde en el cine, de una siesta reconfortante, etc.

Para acabar con este punto, ¿alguna vez te han cortado el agua en casa por más de un día? *¿Festejaste cuando el agua volvió?*

———

Festeja tus logros por pequeños que sean. Son tan beneficiosos que no te lo creerás

———

Capítulo 8. El sexto sentido.

Escucha tu intuición.

La intuición es la manera en que tu subconsciente te avisa de los peligros y las oportunidades antes de que tu mente consciente haya podido recabar toda la información. Si tienes un mal presentimiento sobre una persona o una situación, escucha lo que tu interior te dice. En ocasiones puede significar la diferencia entre evitar o no una tragedia.

El instinto. La intuición.

Es ese no sé qué, que viene de dentro y parece que decida por ti.

La verdad es que *Sí*. El instinto o *sexto sentido*, es un acto subconsciente por el cual tu cerebro basándose en la memoria y la experiencia saca conclusiones en milésimas de segundos sobre hechos por afrontar: el amor a primera vista, que alguien te da mala espina, que confíes o no en un trabajo, que creas que algo no lo vas a conseguir.

Se basa en lo que tu cerebro ha vivido como experiencia pasada y ahora lo asimila como la posibilidad más acertada para el futuro. Lo que resulta es que en ese momento tu subconsciente se ha comunicado con tu consciente diciendo -alerta- o -genial-.

Se dice también que los mejores emprendedores, esos que cambian el mundo, tienen un super instinto.

Como es un acto inconsciente pensamos que no lo podemos controlar. Y si pensamos o creemos que algo no va a salir bien, hagas lo que hagas no sale bien, entonces afirmas a tu instinto la parte negativa de las cosas y eso es lo que debemos cambiar.

Debes reprogramar a tu instinto para que a parte de identificar las cosas que pueden salir mal, reforzar a tu consciente de tu puedes lograr todo lo que te propones.

Te propongo un ejercicio.

Esta semana haz algo que crees que no sabes hacer, puede ser cualquier cosa que puedas hacer en un día. Lo que haremos es demostrarte a ti mismo que si puedes hacerla. Eso te dará la confianza suficiente y cambiará los patrones de tu memoria que para la próxima vez verás que tu instinto ya no lo tiene tan claro que no lo puedas hacer.

Te doy ejemplos. El ejemplo más fácil de probar es el de hablar con un desconocido. Si eres tímido, este será un gran reto, y es muy recomendable. En mi caso, ahora mismo es verano. Si es también tu caso, te recomiendo ir a la playa sólo y hacer un nuevo amigo o amiga. ¿Sabes jugar al volley? ves a jugar. Háblale a alguna chic@ que esté sol@. No vayas de ligoteo, simplemente te recomiendo hablarle. Aunque sean pocas palabras. Por ejemplo, te pones al lado y le dices, -*¿te molesta si te dejo las cosas un momento aquí que voy al agua y vuelvo?*.

Si no te crees capaz, empieza por meetups - *meetup.com* -. Utiliza tus aficiones para encontrar gente afín o simplemente, descúbrelas. Y te planteo que apenas pases por la puerta, a la primera persona que te encuentres le digas -*hola, soy X, qué tal*-.

No busco que si tienes novi@ ahora estés buscando una excusa para traicionar tu lealtad, simplemente busco motivar tu autoconfianza. El primero será difícil, pero luego cada vez te será más fácil. Si te ha gustado el evento, hazlo de nuevo, que seguro que el siguiente será ya algo más fácil de hacer. Esto hará que si por ejemplo eres tímido y tu *instinto* te provocaba ese rechazo, lo puedas cambiar. Tu instinto aprende, se basa como te he comentado en patrones y memoria. Es un arma de doble filo. Tu instinto saca resultados cientos de veces más rápido que tu consciente, pero ello no determina tus acciones finales.

Controlarlo y ser cada vez más objetivo y menos subjetivo es el reto de esta semana.

¿Crees en la telepatía? Y tú, ¿la tienes?

Llega el fin de semana y estás pensando. Fiesta, hoy voy a ligar.

Ya está el flipado este que me dice que me promete un polvo esta noche si me concentro, Rudy estás desvariando
Un comentario amigo

La telepatía es un hecho científicamente estudiado, y rumores apuntan que incluso fue usado a partir de la segunda guerra mundial con fines militares (Universidad de Duke en EEUU y Academia de Ciencias en la antigua URSS). También está el dicho que es una de las pocas cosas (y posiblemente la única) que existen más rápidas que la velocidad de la luz.

La telepatía, hoy en día es un acto meramente inconsciente de nuestro cerebro *-para la mayoría de los humanos-*. Es decir, nosotros conscientemente no solemos usar, pero a la vista de los hechos, nuestro subconsciente *absolutamente* sí. Antiguamente era algo bastante habitual y que hemos perdido como proceso de la evolución y sobre todo, por el uso de la tecnología.

Aunque hay algo que parece que nunca desaparecerá, es la extraña estrecha conexión entre una madre y un hijo. Si a mi me pasa algo, mi madre ya me está llamando. O tiene un no sé qué interior que le hace pensar en ti. Y si eres madre, aún lo verás mucho más claro.

Por lo tanto si en tu cabeza se te ha cruzado un antiguo amigo, tu mujer, tus hijos o una voz interior que te da fuerzas para la reunión con tu jefe, tu subconsciente en mayor o menor medida se está poniendo en contacto con la otra persona, exactamente, con *su subconsciente*.

Te sabes el dicho que si miras a alguien a la nuca, con esa mirada perdida, cuando tu mente está pensando en otra cosa, ¿esa persona se da la vuelta?

Posiblemente recibas más señales de las que crees en tu día a día y empieces a ver a partir de ahora, que son más habituales de lo común. Por lo tanto tú, tienes un potencial importante que explotar en tu sexto sentido que no deberías menospreciar.

Ahora vamos a programar a decirle a nuestro subconsciente, que tenemos claro cuál es nuestro camino, cuál de todas las infinitas posibilidades, es la que quiero que ocurra.

Para no extenderme mucho, hoy antes de dormir, piensa en alguien que quieres que contacte contigo. Imagínate hablando por teléfono, cruzando a esa persona por la calle... Haz eso por unos días. Justo antes de dormir y al levantarte.

¡Ah! antes de olvidarme. Cuando te imagines esta situación pensando en la otra persona, hazlo con un sentimiento positivo, jamás si estás de mal humor.

Reglas mnemotécnicas vs. acceso al subconsciente

¿Sabrías mirar una imagen y luego la otra y decir qué objetos faltan o han cambiado de sólo una pasada?

Salvo que tengas una memoria prodigiosa o sepas reglas

mnemotécnicas, te habrás dado cuenta de menos de 4 objetos que han cambiado. Pues en verdad hay 12 cambios.

La memoria tiene una parte consciente y otra inconsciente. Sabes eso que se ven en las películas que dice *voy a hipnotizarlo para ayudarle a recordar*.

Digamos que tu consciente es la vista focal y tu subconsciente la vista periférica. Hace poco vi un programa de Brain Games, que hablaba del por qué para nuestra vista periférica es prácticamente imposible diferenciar si es una mujer o un hombre, la persona que pase por nuestro lado. Sólo somos capaces de asociar formas y colores, a los que atribuimos un posible resultado.

Viendo el programa, me di cuenta que no sólo pasa con la vista, ni tampoco sólo le pasa a nuestra memoria, sino que pasa con todo lo que hacemos.

Pero si tomamos como ejemplo lo de la vista periférica, entenderemos que nuestro subconsciente no tiene todos los detalles para predecir situaciones, pero sí los suficientes para sacar conclusiones precipitadas. Por ejemplo: darle la mano a alguien y pensar - *me vas a caer bien-*.

Por lo tanto, si le ayudamos un poquito en los datos que le falta, podemos guiarle a que las conclusiones que saque sean las correctas. Con el símil dado anteriormente con la vista focal y periférica, sería como girarnos hacia la persona para tener la completa seguridad.

Ajusta tu intuición. Entrénala para que te ayude en todo en tu vida

---

Pues como tu subconsciente se la pasa continuamente trabajando, sacando patrones, guardando y asociando información, esa información tiene un gran número de aspectos emocionales y sensoriales. De eso se encargan por ejemplo los expertos en marketing y ventas, de jugar con los sentidos y el subconsciente, para adquirir un producto que quizás nunca llegarás a utilizar.

Así que este ejercicio se basará en sólo utilizar un sentido para saber que tengo delante o bien varios para predecir un siguiente paso.

El segundo ejercicio que te planteo aquí será el de la intuición y buscar la relación de ella con tu parte consciente. Caso está que te planteo ir a un <u>meetup</u> esta semana. Lo nombro mucho los meetup y parece que fuera socio de la empresa, pero es que está tan extendido que es una buena recomendación.

Habla con al menos cuatro nuevas personas. Quiero que previamente hables con dos personas que crees que te caerían muy bien, y dos que crees que te caerán digamos, no demasiado bien. Adopta una actitud positiva en ambas y saca tus conclusiones.

Con un poco de suerte, habrás acertado la mitad. Lo que está claro que sacar conclusiones precipitadas nos ayuda, pero también si esas conclusiones las sacamos con un estado anímico bajo, no servirán de mucho. El futuro de ti mismo está en tomar decisiones con un estado anímico correcto primero, sino apuntarlas y tomar las decisiones luego.

Sino, ya tienes claro el resultado, con un poco de suerte 50-50. Casi las mismas probabilidades que tirar una moneda al aire.

Capítulo 9. La memoria selectiva. El privilegio de saber olvidar

Algún día, en un futuro cercano, se podrán atenuar e incluso borrar del cerebro los recuerdos traumáticos que te atormentan, simplemente tomando una pastilla.

Han aparecido decenas de Universidades y Hospitales que han logrado hacer un borrado selectivo de la memoria (<u>Ciéntificos de la Universidad de California</u> -UCLA- en EEUU., <u>Científicos del Hospital Rijnstate en Arnhem</u>, en Holanda, entre otros).

¿Pero existe una forma de hacerlo hoy en día y sin utilizar la hipnosis?

El acceso a nuestros recuerdos tienen una cierta lógica y un orden de prioridad. Quizás el factor más importante sea el estado emocional asociado a él, que de ser muy negativo, nos puede llegar a traumatizar. Los recuerdos sin implicación emocional son los que solemos olvidar fácilmente.

Teniendo esto como precedente, nos encontramos en la necesidad de resolver un problema grave que nos acontece de forma urgente. No hablo de cosas banales, hablo de cosas importantes en tu vida. No sólo no sabes solucionarlo, sino que te ves totalmente incapacitado. En ese momento lo que sucede es que tu cerebro automáticamente se bloquea. No sabiendo qué camino tomar entras en un principio de depresión, provocada por la incertidumbre del resultado.

Antes de que estas situaciones ocurran, debemos entender que son causadas por la ficción que ha creado tu cerebro de un final dramático que aún no ha ocurrido. Debes afrontar las cosas por la parte objetiva y para ello necesitas separar tus emociones de los hechos.

Aquí es cuando entra el control de las emociones, en otras palabras, la llamada indiferencia. La indiferencia es la eliminación absoluta del estado emocional que en este caso nos permitirá tomar una decisión objetiva. No sólo eso. Sino que gracias a la ausencia de emociones, ayudará a no *necesitar guardar* ese terrible hecho en tu mente por no relacionarlo con *algo importante de tu vida*.

Con la indiferencia haces que ninguno de tus problemas sea lo suficientemente importante para llenar toda tu atención. Lo que debes hacer para adoptar una actitud correcta, es mirar el problema desde fuera, tratando de no autoidentificarte dentro del problema y simplemente apuntando a tu lista de tareas, como si fuera una tarea más de la lista.

Se indiferente ante tus problemas no ante tu intuición

Cuando tienes la tarea apuntada, te la olvidas. Ya está ahí, así que para que voy a preocuparme. Te pones una alarma y ya la resolverás en otro momento. Pero lo que también harás, es apuntar en el sitio de tus notas nocturnas, el resultado esperado o lo que es lo mismo, esa noche reprogramarás tu cerebro para que entienda que ese hecho ya ha pasado y ha salido excelente.

Mañana te sonará la alarma. Con un estado de plena indiferencia, miras la tarea y te preguntas -¿puedo resolverla ahora?-. Si la respuesta no te viene a la cabeza rápido, cambia la alarma para mañana. Si al día siguiente no te sale aún nada, no te alteres, repite el proceso al día siguiente. Poco a poco lo verás cada vez más claro sin esfuerzos.

Si quieres acelerar un poco el proceso, haz como si le dieras un consejo a un amigo que te preguntase -oye, ¿tú que harías?- . Qué le dirías a un amigo que tuviera ese problema. En menos de lo que piensas e incluso sin prestarle demasiada atención, la solución aparecerá.

Es mi caso, cuando tengo saturación de problemas, los cojo, los apunto y me voy a caminar por la playa o hago ejercicio físico. Asumo que no voy a cambiar nada si me altero y que si soy objetivo conseguiré resolverlo sin estrés con mejores resultados.

Más allá de ese comentario casi gracioso, ocupa tu mente y tus recuerdos, con aquellos que creemos que son importantes para nuestras vidas y olvidar todo aquello que no es agradable de recordar. Así que intenta recordar el primer beso :-)

Capítulo 10. El primer secreto que cambiará tu vida.

Como las vías del tren, debes encarrilar tu vida por unas vías en las que no se desviarán hasta llegar a su destino.

Quizás el momento más esperado de todo el libro sea este capítulo. Por eso no lo retrasaré más.

En este tiempo he descubierto 3 cosas que realmente cambiaron mi vida al completo en corto tiempo. Técnicas que salieron por leer tanto y hacer tantísimas clases, las cuales acabaron siendo validadas por expertos y lo realmente importante, la experiencia que me demostró que funcionan.

Cómo recordarás, en capítulos anteriores ya te hice hacer un ejercicio práctico por el cuál hemos comenzado nuestro nuevo ciclo, el ciclo de la felicidad.

Define lo que quieres de la vida.

Definir las 3 frases que cambiarán tu futuro próximo. Las 3 frases perfectas que te darán un giro a tu vida.

Espero que ya las tengas hechas, pues sino serán el objetivo de hoy.

Te hago un poco de memoria. 3 frases que definan lo que quieres de tu futuro en este año. Qué te gustaría que se cumpliera este año, que aunque no dependa sólo de ti, sería un año que te agradaría recordar.

Escríbelas en un papel. No te preocupes si no te salen a la primera. Como el *elevator pitch**, esas frases te costarán bastante hacer. No te preocupes si mañana las cambias.

**Elevator pitch: Recordemos que es elevator Pitch. La idea básica y resumida del elevator pitch es condensar un mensaje que defina claramente tu idea, sin dudas y con convicción.*

Cuando las tengas, las leerás con voz alta y seguridad antes de irte a dormir y justo después de despertarte. Para no repetir todo de nuevo, puedes consultar el capítulo 3.

Un comentario, en voz alta es para ayudarte a asimilarlo de forma más eficiente.

Eso es la base de la visualización. Proyectar tu futuro y atraerlo. Lógicamente, nuestro cuerpo no tiene un imán que atrae cosas, hechos o realidades alternativas. Lo que pasa es que tu subconsciente mucho más potente de lo que crees, programa las acciones para que tu consciente las realice.

Ese acto impulsivo que te motivó a ir a una discoteca con

amigos y zas, te encuentras una antigua amiga que hace años que no veías y acaba siendo tu novia. Y dices -qué casualidad-.

No existen las casualidades.

Encarrilar tu vida.

Acabas de empezar la lista realmente importante de tu vida. Siempre leemos de forma graciosa, las 10 o 100 cosas que debemos hacer antes de morir, pero pocas veces se habla de las 3 cosas que debemos hacer para empezar a realmente vivir. Como las vías del tren, debes encarrilar tu vida por unas vías que no se moverán hasta llegar a su destino.

Para que tu subconsciente trabaje por ti, es muy importante que hagas este proceso justo al despertarte y antes de acostarte. Son los momentos que tu mente está en un estado de relajación por el cual puedes acceder con cierta facilidad a tu subconsciente.

Si estás de malhumor, NO LAS LEAS. Método para relajarte muy eficaz es contar. Cuenta tu respiración hasta 20. Si cuando acabas de contar sigues aún despierto y te sientes relajado, haz el gesto con tu boca de una sonrisa. Por un momento cambiará tu humor y estarás mejor, ahí las lees.

¿Cómo accedo a mi subconsciente de forma consciente?

Buena pregunta. Yo personalmente conozco 3 estados de los más destacados por el cual podrías acceder a tu -yo interior- o subconsciente.

La primera y la más conocida es el estado de relajación absoluta conseguido por la meditación -los yoguis para los entendidos-. Estado por el cuál tu mente y tu cuerpo tienen una conexión en plena armonía -Mindfulness, consciencia completa-.

Aunque en mi caso, no me veía 2hs por día, no tengo paciencia lo siento. Si que lo he hecho pero no de forma habitual. Existe una aplicación muy buena llamada HeadSpace que te ayudaría a relajarte 10 minutos al día, si es tu caso.

La segunda es la conseguida a través de una emoción muy fuerte. Por ejemplo, un susto, un enfado terrible, el pánico. Generalmente relacionados a casos en los que sientas que peligra tu vida. Es un estado de protección que tu cuerpo activa cuando siente que corre real peligro.

¿Te quieres sorprender?

Hay miles de casos que muestran poderes sobrenaturales en

momentos de peligro. Voy a copiar un extracto del muy buen artículo publicado en el portal <u>Xatakaciencia.com</u>, del autor Sergio Parra.

¿Puede tu abuela levantar un coche de 1.500 kg?

*Uno de los detalles que más me fascinaban de los dibujos animados japoneses, sobre todo los que se basaban en peleas y artes marciales (mayormente <u>Dragon Ball</u>), es que los personajes podían tener una determinada fuerza pero que, en momentos de mucha presión o de mucha rabia, **entonces esa fuerza aumentaba**. Y no parecía haber límite para ese aumento: es decir, que era importante entrenarse y hacer pesas, y todo lo demás, pero finalmente lo que te hacía ganar o perder un combate era si se te marcaba o no la vena en el cuello o en la frente. Los personajes siempre parecían tener una suerte de fuerza interior amordazada que, de liberarse, tendría consecuencias insospechadas.*

*En el mundo real las cosas no son así. Aunque se parecen un poco. Tanto como para que **una abuela de 65 kg sea capaz de levantar un coche de 1.500 kg**.*

*Si bien su récord mundial no fue homologado a causa de un cambio en las reglas, en noviembre de 1988 pudimos asistir a la proeza del hombre más fuerte del mundo: un halterófilo soviético llamado **Leonid Taranenko** levantó en Camberra, Australia, nada menos que 266 kg sobre su cabeza en la modalidad de arrancada.*

Taranenko pesaba 141 kg, medía 1,80 metros y se entrenaba intensivamente 6 días a la semana.

*En Atlanta, **Angela Cavallo**, de 65 kg de peso, 51 años de edad, de 1,76 metros de altura, ajena al mundo del entrenamiento, sin embargo, también dio muestras de una fuerza extraordinaria el Viernes Santo de 1982, cuando su hijo quedó atrapado bajo el Chevrolet Impala que estaba reparando. El gato sobre el que se sujetaba el coche había fallado, y el coche se desplomó, quedando el chico atrapado e inconsciente en el hueco de la rueda que previamente había sacado.*

Cavallo vio que las piernas de su hijo asomaban por debajo del vehículo, así que metió los brazos por debajo del coche y agarró el brillante parachoques de metal. El Impala pesaba 1.500 kilos, pero Cavallo se las arregló para levantarlo unos centímetros con la intención de "aliviar la presión" que soportaba su hijo. (...) Su hijo salió de debajo del vehículo sin un rasguño.

Esta anécdota refuerza la idea que sugieren los científicos: que somos más fuertes de lo que pensamos frente a situaciones extremas. En 1960, dos científicos de Chicago analizaron los músculos del antebrazo de una serie de personas que habían experimentado una presión sicológica importante.

Descubrieron que el poder flexor podía incrementarse entre un 26,5 y un 31 % con ciertos estimulantes, como la adrenalina y las anfetaminas. Los científicos llegaron a la conclusión de que los seres humanos normalmente no aprovechamos al máximo nuestro poder como consecuencia de varias "inhibiciones adquiridas".

¿Tal vez <u>una reciente noticia</u> protagonizada por otra superabuela se debía a factores similares? En ella, una japonesa de 71 años persiguió en bicicleta al ladrón que le había robado 110 Yenes (90 céntimos) de la cesta de su vehículo. El hombre, fatigado por la huida, se dio por vencido, abandonó la bicicleta y se escondió, pero la insistente superabuela le atrapó.

Y luego está la **tercera.** Mi mayor descubrimiento, **el estado alfa**.

Estado Alfa.

Como habrás oído, el cerebro humano trabaja a distintas frecuencias. En la década de 1940 lograron medir las ondas cerebrales a través de un encefalograma, descubriendo que existen niveles con características distintas y que es de una gran importancia conocer para entender la conciencia.

Las ondas Alfa (alpha) surgen de la actividad eléctrica de las células cerebrales de la zona del tálamo y sobre todo del lóbulo occipital durante periodos de relajación, con los ojos cerrados, pero todavía despierto. Estas ondas se atenúan al abrirse los ojos y con la somnolencia y el sueño.

El estado Alfa es muy breve y se lo experimenta en el momento en que uno empieza a dormirse y es en este estado donde nuestro 10% puede comenzar a realizar el viaje astral.

Dicho estado de relajación (a veces profunda) es un *-estar a gusto-*, en paz y felicidad interior.

El Estado Alfa es un acceso rápido y sin esfuerzo a tu poder subconsciente

---

Por ello el estado Alfa también es llamado la Conciencia Interna, donde fluye la creatividad y las ideas, cuando se dice estar soñando despierto. Tienen una frecuencia de 8 – 12 Hz y están asociadas con estados de relajación.

Por ello te comentaba de leer tu futuro en este estado, porque el estado alfa se registra especialmente justo antes de dormir. Es cuando aumenta enormemente la capacidad de sugestión, haciendo fácilmente que sea admitida sin el freno de tu consciente. Es el momento especial para aprovechar nuestro potencial interior.

Cualquier programación mental que hicieras en tu estado alfa mejora notablemente tu acceso a tu subconsciente, por lo que es óptimo para auto inculcarse afirmaciones, modificar creencias y reprogramar tu cerebro automático.

Un estado de relajación puede ser inducido por cualquiera de nuestros sentidos, de los cuales el cuerpo genera endorfinas, nuestro analgésico natural. La contemplación del mar, el sonido de las olas y la naturaleza en general, son un buen promotor del estado alfa. Hay cientos de formas de inducir la paz interior muchas de ellas son conocidas por ti, como la música relajante, las caricias, el tono de voz de ciertas personas, los aromas, imágenes de la naturaleza, ayudan y facilitan la conexión a nuestro yo interior.

Un estado de relajación clara y de acceso al subconsciente, se experimenta en los estados de oración y meditación religiosa. Este dato era muy bien conocido por los sacerdotes egipcios y de toda la antigüedad, incluida la propia Iglesia Católica, que a través del uso de inciensos, oraciones, cantos o la música de órgano en especial (que produce unas frecuencias en hertzios muy similares al estado alfa), hacían que cualquier idea, sugerencia o creencia, fuese fácilmente adoptado y *sembrada* a nivel subconsciente en los fieles que las escuchan.

El saber relajarte y ponerte positivo sólo

Antes de contarte el segundo secreto, te voy a contar algo que necesitas hacer para leer de forma efectiva tu futuro y es leerlo de buen humor.

Mientras leía cada noche y cada mañana mi futuro como si fuera presente estaba cometiendo un error. Lo hacía tanto si estaba bien como si estaba mal y fue cuando me vino a la cabeza el dicho que dice *-te cuidado con lo que deseas porque puede que se cumpla-*.

Entonces fue cuando entendí que si deseo algo para mi futuro lo tengo que desear con una sonrisa en mi cara. Y es cuando aprendes a autorelajarte.

Existen muchos métodos, pero el más sencillo me fue contar. Me costaba dormir así que utilizaba unos vídeos de internet para dejar de pensar. Por ejemplo:
https://www.youtube.com/watch?v=e11LcyHhxGU

Aunque el problema era que me dejaba dormido antes de leer mi futuro. A lo que aprendí a escuchar a mi cuerpo y contar la respiración y es una de las técnicas más famosas. Contaba mi respiración y si venían pensamientos a mi cabeza, los escuchaba y los dejaba pasar, y volvía a empezar del 1 de nuevo, ya que solía perder el número. Entonces cuando llegaba hasta 20, ya estaba totalmente relajado.

Y es cuando descubrí El feedback facial. Una técnica para engañar a tu cerebro haciéndole creer que estás alegre.

La hipótesis del feedback facial afirma que una expresión facial no sólo sirve para manifestar una emoción subyacente, sino que también genera sentimientos. Es decir, forzar una simple sonrisa te hará sentir más feliz.

El cerebro no distingue entre una sonrisa espontánea y una intencionada, ya que interpreta la posición de los músculos de la cara de la misma manera.

Al sonreír se liberan unos neurotransmisores llamados endorfinas, nombrados con anterioridad, que disminuyen el estrés y nos hacen sentirnos más felices.

Entonces sonreía aunque no lo quisiera. Pero al hacerlo me cambiaba el estado anímico.

Pruébalo ahora mismo. Sonríe aunque te parezca falso y verás el efecto instantáneo.

Capítulo 11. La indiferencia: hazme inmune a los problemas. El segundo secreto y el más difícil de todos.

El primer secreto no es completo si nuestro estado anímico es malo. Como te he explicado, podemos controlarlo en cierta forma, utilizando técnicas muy sencillas de relajación y automotivación. Pero lo mejor es que podamos poner el escudo antes de que nos afecte.

Necesitas empezar a tener una mente más fuerte, que permita ver luz al final del túnel, algo que te de esperanza o al menos dejar de sumar cosas al bote de los problemas.

Refresquemos la memoria:
- Debes apuntar tres cosas que deseas en tu vida. Definirlas como tres <u>elevator pitch</u>, claras y sin dudas.
- Debes leerlas justo antes de dormir y justo al despertarte, por el estado alfa, en el cual tienes acceso a parte de tu subconsciente pero aún con plena consciencia

- Y sobre todo, debes estar con una actitud positiva para leerlos, para que así tu subconsciente relacione ese futuro con un bienestar común, algo bueno por lo que luchar.

Pero, si nosotros estamos aún en un estado que pensamos que -*todo me sale mal*-, necesitas entender el por qué y lo que resulta, es que las emociones te bloquean y no te dejan pensar.

Esa parte de tu mente que tanto necesitas libre de problemas para que puedas usarla, no está funcionando. Es como una máquina estropeada. Cada cosa que viene, se transforma en una suma de otro problema.

Es como siempre ves en las películas que el policía protagonista le dicen -*tu no puedes llevar el caso, tienes una involucración personal que afecta a tus decisiones*-.

Por lo tanto tenía que empezar a ser objetivo. Objetivo en la toma de decisiones. Y es cuando razoné que debía borrar lo negativo de toda mi cabeza. Fácil de decir.

A partir de ahora no te cabrearás más, no te enfadarás, todo lo verás como si el problema lo tiene otro. Lo escuchas por un oído y sale por el otro.

Todo lo negativo a partir de ahora se transforma en INDIFERENTE para ti. Entonces tendrás dos estados,

***indiferente y feliz**. Es decir, como Risto Mejide, empiezas a ser objetivo y duro contigo mismo y feliz cuando cumples al menos un punto que hace cambiar el destino.*

La indiferencia es horrible en relaciones humanas, pero es perfecta para tomar decisiones correctas. Las decisiones más inteligentes las tomas desde un punto de visto objetivo y ese ahora es tu reto.

Olvida la negación. Deja de decir NO. Escribe lo que tengas que hacer y pasas la nota a tu subconsciente. La técnica es recibir la información y si es algo que tienes que hacer, lo apuntas como una tarea más.

Entonces vas a tus notas de la noche y agregas una que cumpla con un futuro perfecto de ese problema, pero como dije en muchas ocasiones, escríbela como presente o pasado e imagínala, ponle imagen a tu resultado.

Apunta en el calendario por ejemplo de aquí a una semana, hacer dicha tarea y olvídala. Delega a tu calendario que te avise. OLVÍDALA.

Cuando tu calendario suene, tu la lees en tu estado de indiferencia, como si nada te preocupase y te preguntas -puedo hacerla ahora?-, -mmm, no- y la postergas a 2 o 3 días luego. Pasado ese tiempo repites el proceso. Verás como un día leerás la tarea para hacer y dices -ah sí, ahora la hago-.

Si te fuerzas a buscar una solución en tu estado de negación, lo único que estás es escribiendo el fracaso. Debes dejar a tu -yo interior- a buscar una solución. Incluso es muy probable que te despiertes un día, y tengas ya la solución. Así que en tu bloc de notas que tendrás al lado de la cama, la apuntarás.

———————

Sencillamente funciona. Créetelo y verás los resultados.

———————

Delegar. Preocuparte por el presente y no por tu futuro.

Tu puedes delegar a alguien algo sólo cuando confías que ese alguien lo va a hacer bien. Es el caso que si delegamos algo en alguien que no confiamos, es cuando preferimos hacerlo nosotros.

Pues a partir de ahora vamos a delegar las 120 tareas que tengamos que hacer a una organización bien estructurada de nuestro Calendario.

———————

¿Conoces el método Agile? Y si lo aplicas en tu día a día

Debes entender que no puedes hacer más de una cosa a la vez, *al menos los hombres ;-) .*

Así que no puedes pensar en las 1000 cosas que tienes que hacer y solucionar todas juntas, debes dejarlas a tu subconsciente. Sí, leíste bien. Debes dejarlo al 90% del cerebro que crees que no usas.

El estado perfecto para el trabajo productivo de tu consciente, es el estado en foco, a veces llamado estar en flujo.

El flujo es el estado mental operativo en el cual una persona está completamente inmersa en la actividad que ejecuta. Se caracteriza por un sentimiento de enfocar la energía, de total implicación con la tarea, y de éxito en la realización de la actividad. Esta sensación se experimenta mientras la actividad está en curso.

El concepto de flujo fue propuesto por el psicólogo Mihály Csíkszentmihályi en 1975 y a partir de entonces se ha difundido extensamente en diferentes campos.

Así que focaliza tu consciente en el presente. Si quieres di la tarea en voz alta como si te dieras una orden: "ahora tengo que mandar un mail y convencer a mi cliente de que compre".

En los emprendedores y empresarios es habitual de hacer de filtro de los problemas para no traspasarlos a tu equipo. Es muy común que si traspasas a tu equipo los problemas o la lista interminable de tareas, no se acaba haciendo nada bien ni en tiempos. ¿Correcto? Es porque tu empleado se satura. Ve un futuro realmente jodido. Piensa -uf, madre mía, ¿pero viste todo lo que hay que hacer?-.

Pues tu mente es exactamente igual. Tu parte consciente no está preparada para dominar las acciones motrices, o que tu sangre fluya por todo el cuerpo, o que pestanees. Por lo tanto tu 90% del cerebro necesita ser -no consciente-. Pero eso no quiere decir que no tengamos conexión con él. Curiosamente tu cerebro *no consciente* resuelve problemas continuamente en paralelo.

Sabes cuando te levantas y esos primeros minutos te acuerdas del sueño que tenías, y flash, 5 minutos después ya no tienes absolutamente nada de idea. O incluso peor, cuando vives una vida de estrés, crees que ya ni sueñas.

Lo que está pasando es que estás perdiendo la conexión contigo mismo, la que te conecta con tu -yo interior-. La que te priva de avanzar hacia donde quieres ir.

¿Cómo afrontar tu estado de indiferencia con las relaciones personales para que no cree conflictos?

Es por esto que la indiferencia es el más difícil de todos. Para salir de la situación que estás, es tan importante el apoyo de tus allegados, como tu mismo. Son los que con su alegría y estando a tu lado, ayudarán a dar confianza a que estás tomando un buen camino.

Pero la indiferencia es la peor de las emociones a nivel humano. Si hablas con tu pareja y ella se enfada o llora, y tu como si nada, le contestas como si fuera su psicólogo, pensará que no le quieres más.

Siento decirte, pero tendrás que aprender a mentir, y te dejo la definición de <u>mentira de wikipedia</u>, léela.

Afirmación que una persona hace consciente de que no es verdad.

Así como en cierta forma te estás autoconvenciendo a ti mismo de tu futuro prometedor, deberás convencer por el momento a tus allegados y ser empático con su enfado. Pero, en ningún caso puedes enfadarte de verdad, porque estás en plena transición, no estás fuerte para ello. Es como intentar dejar de fumar, y decir *-es sólo uno-*.

Aunque si ya te ves preparado, contrarresta el enfado de tu pareja dándole un abrazo. Si aún nunca lo haz hecho, es complicado mientras tu pareja está a los gritos decirle -lo siento cariño, dame un abrazo, lo necesito-, o bien -no me hace bien verte así, dame un abrazo-. El contacto afectivo hace que ella se relaje y posiblemente haya sido lo mejor que hayas hecho y le guste tu cambio.

Capítulo 12. ¿Cómo empezó todo? El último secreto.

Estando en el pozo es difícil ver la luz. La verdad que es más fácil dar consejos que hacerlos. Y yo me encontraba con mi consciente totalmente bloqueado. La lista de problemas era tan grande que ya me estaba siendo difícil de ocultar. Ocultar a mis empleados, a mis padres, a mis amigos. Soy bastante orgulloso y no me gusta mostrar debilidades.

No me gustaría revivir todo y escribirlo para la historia ya que es pasado, pero lo de -salud, dinero y amor- todo en caída del abismo.

Entonces me dije este mantra a mi mismo. Un consejo que le daría a un amigo, el consejo que es fácil decir pero difícil de ponerte en situación:

Rudy, eres un visionario, un inventor, un emprendedor nato, que ha pasado muchos problemas y todos los has solucionado. Esto es simplemente una ecuación más que resolver. Así que resuélvela rápido, que te conozco y sé que trabajas bien bajo presión.

Es fácil dar consejos, a qué sí. Todos los hacemos como si

nada. ¿Pero te aconsejarías lo mismo a ti?

Asumir que todo está perdido, ya que peor es la incertidumbre que te provocará depresión. Es el caso que parte de la definición de depresión es: *"Los trastornos depresivos pueden estar, en mayor o menor grado, acompañados de ansiedad, incapacidad de encauzar los problemas, la incertidumbre sobre tu futuro. Una situación de escasas o nulas relaciones interpersonales potencia especialmente estos factores."*

Asumiendo el peor de los resultados, evaluarás de forma objetiva como hacer que pueda ese resultado mejorar y ser recompensado.

Entonces como resultado nos queda el **tercer secreto. Asumir el peor de los resultados y recompensar cualquier progreso.**

La recompensa es el factor detonante para que toda esta técnica funcione y progrese. El decir un Gracias, el dar un abrazo, el felicitar. Muchos dicen que es el mayor motivador del ser humano, el que otro ser humano te felicite. Pues empecé a Felicitarme a mi mismo por cada avance positivo.

Si te imaginas de buenas a primeras el mejor resultado, te deprimes cuando algo sale mal. Pues lo mismo pasa al revés, si imaginas que todo va mal, te pones muy contento cuando no es así. Con ello aprendes a valorar todo y a coger confianza. Poco a poco esa confianza es más que ti mismo y ya dices, -Yo soy Rudy y prepárate-.

Capítulo 13. La ciencia.

El neuropsiquiatra austríaco Sigmund Freud, uno de los principales fundadores de la psicología moderna, introdujo a finales del siglo XIX el concepto de -inconsciente- para designar, -aquellas representaciones latentes de las que tenemos algún fundamento para sospechar que se hallan contenidas en la vida anímica-.

El cerebro inconsciente, también conocido como -Cerebro automático-.

Hay cientos o miles de científicos que han estudiado los mensajes que el cerebro recibe de forma inconsciente y que influyen en todos nuestros actos. En marketing esta técnica es bien utilizada, para estimular que compres más, para crearte ansias de comprar algo que realmente no necesitas o jugar con tus gustos para decirte a ti mismo -me voy a dar un capricho-.

Imprimación

En un mundo complejo suele ser lógico que nuestro pasado o nuestras experiencias influyan sobre nuestro futuro.

Coge un objeto en tu mano, por ejemplo, un lápiz. Míralo un momento de arriba abajo y cierra los ojos con fuerza a la vez que apartas el lápiz.

Si ahora te digo, ¿Ves el lápiz?

Ese es el principio básico de la imprimación. Grabar con fuerza un hecho en tu mente para ser accedido con facilidad y que domine en tus recuerdos.

Con la imprimación conseguimos que nuestros deseos se transformen en realidades en nuestro cerebro. Nuestra mente no consigue distinguir entre la realidad y la ficción. Por ello en nuestras pesadillas, sufrimos, nos duele, lloramos, reímos. A través de los sueños podemos levantarnos tristes o eufóricos de alegría. Se dice que los sueños son el mensaje de nuestro sexto sentido.

Así que si entendemos que la fina capa de hielo que separa nuestro futuro ideal real de la ficción, es manipulable, nuestra labor es saberlo para utilizarlo en nuestro beneficio.

Con la imprimación podemos crear nuestra realidad alternativa y liberar nuestro potencial interior a que busque el mejor camino. Por ello, como explicaba en varias partes del libro, el momento que somos más sugestionables es en nuestro estado alfa. En ese momento debemos imprimir en nuestra mente no consciente, nuestro futuro perfecto. Lo que realmente marcará la diferencia.

¿Aún recuerdas el lápiz? :-)

Bio-neuro-ciencia. Un poco de PNL.

Creo que es el punto más importante, saber cómo mandamos los correctos mensajes a nuestra mente.

PNL o Programación Neurolingüística, es un modelo acerca de cómo trabaja nuestra mente, cómo en esto afecta el lenguaje y cómo usar este conocimiento para programarnos a nosotros mismos en el sentido de lograr que nuestra vida y las cosas que hacemos nos resulten fáciles y al mismo tiempo eficientes.

El implicar que quieres cumplir un objetivo en tu vida, no tiene porque afectar al raciocinio de hacer lo correcto. Ser egoísta en tus deseos, puede provocar que pierdas perspectiva y te acabes enfrentando al mundo.

Debes entender a hacer lo que te pide el cuerpo mucho más allá de dejarte guiar por el entorno. Adopta tus deseos como tuyos, no los deseos de otros. La envidia no es el factor que activará tu futuro perfecto. Tampoco te ayudará tomar las decisiones en un estado emocional afectado o corroído por la ira.

Lo primero que tienes que lograr es un bienestar emocional para llevar a cabo tu vida en la dirección correcta, sin remordimientos. Aprender a decir que sí o que no, es tan simple. Si dices -no- a algo que tu yo interior decía un -sí- con fuerza, puede ocasionar graves prejuicios para tu estado de salud.

Dentro de estos aspectos, se encuentra la bioneurociencia, el cuál es una metodología que estudia la relación entre las emociones inconscientes provocadas por situaciones vividas por una persona, su expresión y localización en el sistema nervioso y las modificaciones que éstas provocan en su biología. Esto determina que muchas de las cosas que nos pasan en contra de nuestros pensamientos, a la larga, pueden terminar en un síntoma, malestar o desajuste orgánico o de conducta.

Como todas las pseudo-ciencias, cuentan con estudios metafísicos que suenan a veces a ciencia ficción y se basan muchas veces en estadísticas y probabilidades. Pero estarás de acuerdo conmigo, que si no entiendes lo que piensas y el cómo desarrollas tu vida en donde tus emociones van tomando las riendas, ello dictaminará el estado de tu salud y los resultados en general, por ejemplo, el afectivo y el económico.

Está demostrado que una persona feliz vive muchos más años, goza de una mejor salud y esa alegría que desprende es contagiosa.

Libera tu mente de los problemas, de los entornos problemáticos, de un pasado que te afecta. Busca soluciones a ello. Comienza la meditación. Consulta especialistas. Pero debes hacerlo cuanto antes. Cuanto más estés en un estado emocional afectado, más difícil te resultará salir.

La importancia de tener metas es la clave de tu futuro ideal y avanzar en la dirección correcta. Es posible que no estés satisfecho con algunos aspectos de tu vida, tales estos sean económicos, profesionales, afectivos, de salud. Aunque aparentemente a diario creemos saber lo que queremos, la realidad suele ser diferente. Si sabes lo que quieres, puedes diseñar un plan hacia tus metas.

Cada final de año, por tradición, se dice que es el momento ideal para hacer balance de nuestra vida y poner unos objetivos en el año. Pero la verdad es que esos objetivos se olvidan rápidamente y al año siguiente seguimos haciendo nuestra metas, sin prestar atención a las anteriores.

¿Hace cuánto que no te fijas una meta y vas a por ella hasta el final?

Si bien, es parte de un proceso que llevará su tiempo, si no comienzas, seguro que no lo conseguirás. Así que comienza a enviar los mensajes correctos de tus deseos a tu mente. Mensajes liberados de las fuertes emociones, del egoísmo, de la vanidad, del querer controlarlo todo. Déjate llevar por tu yo interior. Es eso que se suele decir de déjate llevar por tu intuición y lo que realmente te haría feliz.

Debes emplear un lenguaje positivo tanto contigo mismo como

con los demás.

¿Cómo debo enviar los mensajes a mi mente?

Busca un sitio tranquilo. En mi recomendación particular, intenta conectar con la naturaleza por al menos, un día. Ves a una montaña, un lago, un parque natural. Allí donde estés sólo tú, sin interrupciones y en calma. El conectar con la naturaleza te hará ser más creativo y relajará tus ansias para poder pensar con claridad. Según estudios recientes, se dice que la naturaleza nos hace más inteligentes y deductivos.

Este fin de semana conecta con la naturaleza. Tu cuerpo lo necesita más de lo que crees.
Es momento de desconectar

Te doy otra razón. los investigadores demostraron que algunos árboles, como el ciprés, desprenden componentes químicos llamados fitoncidas. Absorbemos las fitoncidas, que transforman nuestras células en NK, lo que nos ayuda a luchar contra el cáncer. Podemos experimentar un aumento de 40% de células NK simplemente paseando por el bosque.

Las células NK (por las siglas de su denominación en inglés, natural killer, "asesina natural" en español) también conocidas como células asesinas son un tipo de linfocito pertenecientes al sistema inmunitario. Las células NK son componentes importantes en la defensa inmunitaria no específica.

Así que dedica un día para ti, para encontrarte. Luego de encontrarte, te será mucho más sencillo y con sólo 10 o 15 minutos, recordarás este día y volverás a tu estado de bienestar.

Si quieres que esto funcione, y estoy seguro que lo deseas, te recomiendo que marques esta hoja del libro y no continúes hasta que estés en ese lugar tranquilo. Puede ser encerrado en la habitación, si eso es suficiente. Puede ser en un parque cerca de tu casa. Ves hacia cualquier lugar pero que te resulte totalmente tranquilo, sin distracciones.

Tendrá que ser un lugar relajado y que nadie te vea, porque así te será más fácil. Necesitas al menos 2 horas y un bloc de notas para apuntar lo que pasará y verás.

SIENTO INSISTIR.

NO LEAS HASTA ESTAR EN UN LUGAR TRANQUILO. SI TIENES 1 DÍA MEJOR QUE 1 HORA, PERO SEA LO QUE SEA, NO SERVIRÁ DE NADA SI LO LEES PREVIAMENTE A PRACTICARLO.

———

Hoy es el primer día del resto de tu vida, así que dedícale la importancia que ello representa

———

Estoy ya en su sitio relajado, cero distracciones.

Si ahora te pido que recuerdes el lápiz o el objeto que has mirado en el ejercicio anterior, ¿lo recuerdas?

Los pasos que te voy a describir serán los pasos que cambiarán tu destino. Confía en ti. Es tremendamente potente tu cerebro.

Define una meta, lo más detallada que puedas. Piensa en ello que realmente quieres conseguir. Aquello que realmente te haría feliz, sea lo que sea. Algo que te complete. No desees algo porque te lo pida el entorno ni por envidia o vanidad. Desea cosas sanas tanto para ti como para los que te rodean. Esto evitará conflictos internos que provoquen tu autoboicot en un futuro.

Si eso que estás deseando, no lo ves adecuado para ti o realmente no lo deseas, descártalo, ya que no lo conseguirás. Es posible que debas mirarlo desde una perspectiva distinta o bien desde fuera, cómo si no fuera para ti, para ser lo más objetivo posible.

Imagina ahora, que han fabricado un tren, donde la vía es la línea de tiempo de tu vida. Si el tren avanza hacia atrás, verías tu pasado. Pero cuando el tren avanza, te encuentras en un camino inmutable que lleva a tu futuro ideal.

Elige ahora la dirección que llevará ese tren. Cuál será su destino ideal. Si bien te recomiendo que incluso te imagines, cuál sería la próxima estación que te gustaría parar.

Ahora imagina que llevas a la primera estación. Vívela. Tú estás allí, lo has conseguido. Esa estación de tren ya fue construida para ti, para ser el paso intermedio hacia el próximo y sorprendente destino.

Imagina que esa estación es de aquí a 1 año. En ese año, tu vida ha pegado un giro y ha comenzado el camino en la dirección deseada.

¿Qué sientes?

Siente la felicidad de estar con todas las metas del año cumplidas.

Siente que tu vida se dirige en la dirección correcta.

¿Qué ves?

¿Cómo te ves?

Estás orgulloso de ti.

Escucha el entorno.

Vive ese momento.

Vive cada detalle.

Intenta responder a estas preguntas que te formulo. Cuanto mejor las describas, más claras serán para tu mente de visualizar lo que realmente deseas. Este concepto basado en la imprimación, delimitará tu futuro a partir de ahora.

Vivir esa escena con mucha imaginación, estando en ella como si estuvieras loco, reviviéndola con toda la pasión e intensidad posible y dedícale el tiempo que sea necesario.

Siente el momento que los demás se enorgullecen de ti. ¿Qué te dicen? Mírale a sus caras. Escucha como se contentan por tus resultados. Utiliza todos tus sentidos.

¡Ya tienes la meta lograda! Festéjala.

Ahora vuelve tu mirada hacia atrás, observando los hechos que has conseguido y cómo lo has conseguido. ¿Has visto?, no era tan difícil. Las cosas han salido bien. Revive los momentos que lo llevaron hasta esa nueva estación en tu vida. Míralo hacia atrás hasta el hoy.

Si tienes pensado ir a un sitio apartado de la civilización, que es lo que recomiendo, lleva un pequeño bloc de notas para apuntar los detalles de esa estación. Qué has visto. Qué has vivido. Apunta lo que ha pasado que ha marcado la dirección de tu éxito. Simplemente apúntalo, como si escribieras la historia de tu vida, contándola como reviviendo memorias. Porque ya ha ocurrido. Ese año pasó volando y fue un total éxito, simplemente vas a apuntar lo que quieres rememorar de ello, que pasos has tomado mirando desde el final hacia tu presente que te han llevado a ese final perfecto.

¿Cuál fue el primer paso que has hecho? ¿Qué has cambiado en tu vida que te ha hecho dirigirte con éxito a esta estación? Ese primer paso será el presente. Eso será lo que hagas hoy.

Y sin contemplaciones, debes ejecutarla ahora mismo.

¡HOY!

Ese pequeño paso que darás hoy, cambiará el resto de tu vida. Verás tu vida distinto a partir de este momento. La afrontarás con seguridad y con motivación.

Recoge de tu bloc de notas, las 3 cosas importantes que delimitaron ese camino. Esas tres cosas, defínelas en frases, que repetirás cada noche y cada mañana, a partir de esta noche, tal y como te describo en el capítulo 4, al inicio. Quizás hayan variado con las que ya tienes escritas, pero éstas son las correctas. Las que has dedicado el tiempo y las condiciones necesarias para verlas con claridad.

A partir de hoy, tu futuro está escrito. Te sorprenderás haciendo cosas de forma inconsciente que te acercarán a tu meta.

Esto es debido a que tu cerebro, que como dije anteriormente, el 90% de él, funciona de forma preconcebida y automática. Ese piloto automático ahora está bien configurado y como las vías del tren, no cambiarán su dirección.

Tu actitud hacia la vida ha cambiado. Tus objetivos se han transformado en alcanzables y creíbles. Tú eres quien acaba de decidir cuál es tu futuro y tu cerebro lo ha entendido a la perfección.

Recuerda este capítulo, el 13. Es el capítulo central del libro y es el capítulo que debes repetir cada vez que estés perdido y quieras reafirmar tu presente.

Capítulo 14. Los alimentos y la medicina natural.

La neurocientífica de la Universidad de Cambridge Barbara Sahakian investiga los potenciadores cognitivos. En otras palabras, los medicamentos que nos pueden hacer más inteligentes. Durante años se utilizó la cafeína para mejorar el estado de alerta. Tomar una pastilla para sobresalir en todas las asignaturas pronto puede convertirse en la norma.

Teniendo en cuenta que lo único que hace que tu cuerpo esté sano y saludable, es lo que ingerimos, es enormemente importante para tu salud, entender que los malos hábitos alimenticios pueden tener efectos no deseados.

Me gustaría centrarme única y exclusivamente en los que afectan a nuestro cerebro y el paso de los años, que son los importantes para conseguir las metas que explico en este libro.

Mejorar el corazón

Hacer ejercicio regularmente y consumir alimentos con betabel, ayudarán a mejorar la circulación de la sangre, asegurando la provisión de nutrientes a tu cerebro. Si tu cerebro está -bien alimentado-, te permitirá pensar y recordar con más claridad.

También se recomienda donar sangre. ¿No lo sabías? Donar sangre al menos una vez al año, refuerza tu sistema inmune, equilibra los niveles de hierro en nuestro cuerpo, mejora el flujo sanguíneo, ayuda a prevenir enfermedades y alarga nuestra vida.

Se ha comprobado que las personas que donan sangre, viven una media de 4 años más. Ese hecho por el cuál nos preparamos mentalmente pensando que estamos haciendo algo bien por los demás, es uno de los otros factores que nos mejorará nuestra salud.

¿Comes suficiente pescado?

Se dice que cuando se habla de memoria, el pescado es la clave. Aquellos pescados que contienen cantidades importantes de Omega-3 como son la Caballa, el Arenque, el Salmón y el Atún, permitirán beneficiar a nuestro organismo y prevenirnos de enfermedades.

Nueces

Se dice que un consumo regular de los alimentos ricos en polifenoles y antioxidantes como los habituales de la dieta mediterránea, tales son las nueces y el aceite de oliva virgen, se asocian a unos mejores resultados ante pruebas de memoria y funciones cognitivas globales.

Esto es altamente beneficioso, sobretodo en personas mayores, que la dieta mediterránea ayuda a prevenir enfermedades cardiovasculares y otras patologías frecuentes en personas de alto riesgo.

Intenta incluir las nueces y el pan integral en tu dieta diaria, que son alimentos que pueden contrarrestar el paso de la edad a nivel cerebral. También se ha demostrado de los ácidos grasos omega-3, también presentes en las nueces, tienen un efecto antidepresivo, permitiendo gestionar mejor las situaciones estresantes, hasta el punto de que reduce la hostilidad hacia otras personas y evita que gritemos a otros conductores mientras circulamos por zonas de tráfico intenso.

A esto se suma que el azafrán también ha sido identificado como un remedio natural contra la depresión en un estudio reciente de la Universidad de Teherán, en Irán.

El zinc que se encuentra en las semillas de calabaza

Se recomienda un consumo regular de un puñado de semillas al día, para abastecer de todo el zinc que necesita tu cuerpo. Ello favorecerá las habilidades mentales como la memoria y la agilidad. Por ejemplo, agrégalo a tus ensaladas.

Brócoli

De entre los beneficios del brócoli, encontramos que los estudios dictaminan que favorece a estimular la rapidez de procesamiento de la información en tu cerebro.

Té Verde

¿Qué te parece si te digo que previene el cáncer?
Los aminoácidos que tiene esta planta, como el L-theanina, hacen de esta bebida una digna acompañante de la lucidez y la meditación. Además, tiene altos niveles de EGCG (Epigallocatechina Gallate) la cual limpia tu sangre, rejuvenece tu cuerpo, y combate la probabilidad de contraer cáncer.

El té verde es el más recomendado, pero cualquier tipo de té es bueno si puedes tomar una taza diaria, ayudando a regular el estrés que destruye las células de tu cerebro, llamados comúnmente "Radicales Libres".

Café

Si, ya lo sé. Pero el exceso es malo. Tomar de vez en cuando una taza de café sólo, sin aditivos como leche o chocolate, representará una gran fuerte de vitaminas y minerales que tu cerebro agradecerá en aquellos momentos que necesite concentración.

Curry

¿Sabías que este condimento típico de la comida India es un potente antioxidante?

Mantiene las funciones cognitivas y preserva el cerebro del desgaste provocado por el paso de la edad.

Jengibre

Junto a otros alimentos como las bayas, los productos derivados de la soja y los tés, ayudan a proteger tus células gliales, encargadas de eliminar las toxinas de tu cuerpo y protegiéndote de enfermedades como el Alzheimer.

Comer seis veces al día

¿Cómo te suena? Parece ser que comidas pequeñas durante todo el día, a diferencia de comilonas, puede ayudar a la salud de tu cerebro y la asimilación de proteínas. Esto mantiene el correcto nivel de azúcar en sangre, aportando una energía continuada que tu cerebro necesita.

Muchos de los alimentos aquí enumerados, no sólo mejoran tu vitalidad cerebral, sino que ejercen efectos positivos en nuestro estado de ánimo, como son los arándanos, las fresas, el té, las nueces y el salmón.

Te voy a contar una regla mnemotécnica.

Si alguna vez quieres saber cómo podemos identificar a qué puede beneficiar una fruta sin tener la enciclopedia a mano, se dice que la fruta se parece al órgano que beneficia, por ejemplo: nuez al cerebro, uvas al corazón, zanahoria a la vista -si la cortas en rodajas, parece un ojo-…

Capítulo 15. Cambiando la perspectiva

En caso de experimentar una lesión, una cosa curiosa que sucede cuando vemos la parte lesionada con un par de binoculares invertidos, el dolor parecerá estar disminuyendo en toda su magnitud.

Recientemente, un experimento de la Universidad de Oxford ha llevado al descubrimiento de un nuevo analgésico opioide - los prismáticos invertidos. Los científicos demostraron que los sujetos que miraron sus manos heridas a través del extremo equivocado de los prismáticos, lo que hace la mano aparecen más pequeños, experimentaron significativamente menos dolor y una disminución de la hinchazón. Según los investigadores esto demuestra que las sensaciones corporales más básicas como el dolor, son modulados por lo que vemos. Así, si la próxima vez que el talón de su pie o cortar un dedo, hazte un favor y ¡mira a otro lado!

Autoconfianza y automotivación

"Me sale todo mal, no entiendo nada. Haga lo que haga sale mal".

Zas. Claro, con esa predisposición seguro. Vas a visitar un cliente y ya estas pensando "es que lo tenemos difícil, es que...." MAAAAAAL. Ya estás pronosticado al fracaso.

Levanta pecho, ponte música que te motive, SAL DE ESE ESTADO YA. Tienes que romper el estado que te provoca tus limitaciones. El mayor enemigo ante un reto eres tu mismo.

Tienes un reto importante por delante, así que adopta una postura positiva. Ponte música ahora mismo algo que realmente te motive. Y actívate, baila si quieres.

Con tu mente nueva y más positiva, vuelve a pensar en ello. Si aún lo ves negativo, habla con un amigo por teléfono, pídele su opinion y consejo. Por favor, elige un amigo que suele darte ánimos!, sino malo malo.

Paso siguiente haz algo que si realmente confías que puedes hacer y relacionarlo con lo que no puedes. Si quieres con el simple hecho de -si hago esto, esto va a salir-.

Verás como cambias poco a poco tu destino. La autoconfianza es lo que hace de un simple deportista, un campeón del mundo, hace que un empresario sea millonario o que tengas una pareja que parece que no te mereces.

La vida es corta y generalmente más sencilla de lo que creemos. Nosotros nos ponemos límites virtuales que realmente no existen. Si hoy en día tienes sobrepeso y piensas -es el metabolismo, haga lo que haga no va a servir...-, -da igual no tengo fuerza a voluntad-, está claro, estás definiendo el futuro incierto en futuro tácito.

Cambiemos eso. Que la vida es fácil. Quizás para algunos más que para otros, pero debemos hacerla lo más fácil posible. Cuidar de ti mismo es el primer paso para crear un camino recto hacia el éxito y la felicidad.

No hace falta que creas todo lo que te estoy diciendo, simplemente haz que ocurra. Tus metas son reales, cree en ellas. Crea un lista de prioridades de tu vida y ves a por ellas. Te aseguro que en menos de lo que piensas, se cumplirá la primera y en cuanto eso ocurra las otras ya no las ves imposibles, hasta es muy probable que las cambies y las pongas más difíciles.

La automotivación y la autoconfianza son las dos fuerzas sobrenaturales que poseemos para mover cielo y tierra y conseguir nuestros objetivos.

La postura ante el mundo.

Espalda recta y frente alta. Tú puedes. Son más importantes de lo que crees. Pueden ser por hábitos, por tu trabajo, por el peso de las responsabilidades, todo te hace encorvar y mirar hacia abajo.

Así que vamos ya a cambiarlo para mejorar tu autoconfianza. Aquí hay unos ejercicios que harán la parte física.

Lo primero que debes hacer, es verte a ti mismo que puedes conseguir aquello que deseas. Posiblemente lo que te falte sea imaginación y creatividad.

Tengo buenas noticias, todos tenemos potencial creativo pero seguramente tienes limitaciones o aspectos que limitan que se desarrolle plenamente en ti. El ser humano es un ser naturalmente creativo. Es más claro en nuestra niñez, cuando vemos nuestra realidad antes de entenderla.

¿Te animas a hacer un ejercicio de visualización ahora mismo?

Vamos a hacer ejercicios de visualización. Así que imagina que estás en tu flamante coche. Quiero que sepas que la visualización es una de las técnicas más utilizadas en psicología para mejorar el rendimiento de atletas de élite, empresarios y, en general, de cualquier persona que desea sacar el máximo provecho de sus habilidades.

Te ves en ese coche, por ejemplo un Ferrari que todos conocemos. Disfrutar de un día soleado increíble.

Descapotas tu coche para sentir la brisa del aire, la tranquilidad de una vida sin problemas, una carretera libre, con un excelente paisaje.

El camino te dirige a aquel lugar que siempre has querido ir. Conduces por la carretera, disfrutando del trayecto hacia tu destino. Te diriges hacia un casa de veraneo.

Ya estás llegando. Ves tu casa perfecta. Una flamante mansión con tu flamante coche. Esa mansión es tu casa.

Abres la puerta de tu garaje y aparcas tu coche.

Entra en tu casa. Dejas las llaves del coche en el recibidor y sales a tu jardín con preciosas vistas increíblemente verde con vistas al mar o a la montaña, lo que más prefieras, a disfrutar de un momento de relajación y bienestar.

Vive esas vistas.

¿A qué huele?

¿Qué oyes?

Te sientes a gusto y en total tranquilidad.

Sonríe y disfruta del momento.

Eres esa persona. Una persona de éxito.

Ahora que ves y conoces esa experiencia, úsala. Este pequeño ejercicio, cambiará tu forma de ver el mundo, incluso te sugiero que a partir de ahora te vistas como esa persona a diario. La persona que quieres ser.

Hazlo. Cada día. Durante 3 semanas. Verás la diferencia, es sorprendente.

Te doy sugerencias que puedes visualizar y una vez visualizado comenzar a vivirlo: te ha tocado la lotería, encuentras la pareja ideal, sales en la tele y te haces famoso, se mejora tu salud, ganas un campeonato. No hay límites. Imaginar como un niño es altamente saludable.

La repetición simplemente asegura que nuestras estimulaciones mentales sean lo suficientemente fuertes y queden impresas en nuestra mente, conectando eficientemente las neuronas así prepararlas para cuando pasen de verdad. Es como el ejercicio físico. Si lo practicas a diario, es indudable que verás resultados.

Se acabó mirar hacia abajo. Mira a los ojos. Enfrentarse al mundo es un acto de valentía. Despertarte cada día y ver como amanece un nuevo y estupendo día, es síntoma de paz interior. Da igual si tienes síndrome de Asperger, vergüenza o eres maleducado haciendo caso al móvil o a otra cosa mientras alguien te está hablando. Pero la confianza de mirar a los ojos, de hablar de tú a tú, de palabras firmes y seguras, hacen de ti alguien líder y a respetar o por lo contrario, alguien del montón que no es interesante. Si los demás ven tu confianza se la transmites. Aunque no la tengas, acabarás teniéndola y esa confianza te hará mover tierra y mar.

Capítulo 16. Las decisiones y el ser emprendedor. ¿Qué te hace ser especial?

Un emprendedor, es aquella persona con decisión e iniciativa para realizar acciones que son difíciles o entrañan algún riesgo. Y tu acabas de tomar una decisión leyendo este libro y si no has emprendido antes, lo harás a partir de ahora. Todos somos emprendedores, emprendedores de la vida.

¿Qué te hace ser único?

Desde que decidí escribir este libro, he empezado a conocerme a mí mismo nuevamente. Lo primero, descubrí que no sólo puedo escribir, sino que puedo ser útil e inspirador para otras personas. Las personas alrededor mío, han apreciado como mi vida cambió y la técnica que intento recoger en este libro.

Hace unos días encontré a un viejo amigo mío Constantino Garrido. El había estado leyendo acerca de mi nuevo proyecto, StartMyDay.co, que ayuda de forma eficiente a reprogramar el cerebro para hacer que nuestros pensamientos fluyan con efectividad en nuestras vidas con sorprendente poco esfuerzo. Quedamos para tomar un café después de varios años de no habernos visto. Fue muy grato escuchar que no estaba sólo en este esfuerzo por mejorar mi vida y las vidas de los demás.

Constantino está desarrollando un increíble trabajo buscando el talento de cada persona, por el cual permite mejorar sus vidas, lo cuál es su día a día a nivel profesional de los últimos 10 años.

Como emprendedores, cuando nosotros -tú, yo y todos aquellas mentes locas quienes intentamos cambiar el mundo- decidimos embarcarnos en una vida de dedicación y esfuerzo, empezamos simplemente un nuevo camino sin saber exactamente a donde nos deparará. Ya desde comienzo luchamos con todas nuestras fuerzas en cada batalla, cometiendo errores pero que muy a menudo superamos y aprendemos, para transformar aquel error en algo realmente poderoso y bonito que mejora la forma que vivimos nuestras vidas.

En ese momento mágico, no solemos pensar. Simplemente dedicamos todas nuestras fuerzas a alcanzar aquel objetivo y no pararemos hasta el final. Pasan los años, viendo lo difícil que se pueden tornar la situación, descubrimos que realmente, adoramos enfrentarnos a dificultades y adversidades, porque nosotros somos más que los errores y ellos no nos detendrán.

En mi caso, hace algo más de 18 años, me embarqué en un sueño que aún dura y posiblemente dure muchos años más. Hacer que las cosas sucedan, y desarrollar una fuerza interior que me impulsa a seguir adelante y enfrentarme a todo con una sobrenatural energía. Mi juego se transformó en obsesión y hoy en día es parte incambiable en mi vida.

Para ser algo más que un simple emprendedor, debes conocerte a ti mismo y conocer en profundidad tus talentos. ¿Qué te hace ser especial? ¿Por qué te crees único? ¿Qué puedes hacer mejor que los demás?

Quizás no puedas hacer nada o quizás todo. Tu vida la comandas sólo tú, así que hay muchas cosas que tú haces que nadie puede hacer por ti.

Constantino me mostró un test, que no me resistí a realizar. Un test para descubrir nuestro propios talentos. Algo esencial para tu futuro prometedor. Vital para cumplir tus deseos y hacerlos realidad. Debes descubrir tus fuerzas y tus debilidades para alinear tus esfuerzos.

Si conoces a tu enemigo tal y como te conoces a ti mismo, no necesitas temer el resultado de cien batallas.
Si te conoces a ti mismo pero no a tu enemigo, por cada victoria ganada habrá muchas pérdidas.
Pero si no te conoces ni conoces a tu enemigo, no podrás nunca ganar una batalla.
Sun Tzu - El arte de la Guerra

Así que debes conocerte a ti mismo para emprender tu nueva vida. Una vida de progreso, trabajando de forma inteligente, no sólo de forma dura. Emprender es algo más que tener las aptitudes correctas. También debes tener la Actitud.

Así que la actitud supongo que ya no es un problema, tu fuerza de voluntad es de hierro. Ahora sólo falta saber tus aptitudes.

Necesitas al menos 45 minutos para completar los pasos de este enlace:
https://www.gallupstrengthscenter.com/Purchase/es-AR/Product#

Sigue las instrucciones hasta llegar a Gallup Strengths Center. Es una simple recomendación.

Primero necesitas conocer las reglas del juego. Y luego jugar mejor que nadie.
Albert Einstein

Capítulo 17. Salud física

Realmente estuve mucho tiempo pensando de incluir este apartado en el capítulo 7 que hablo de los buenos hábitos. Pero es un tema que me gustaría dedicarle un capítulo más extenso. Es tremendamente importante para tu vida. El estar en forma te da motivación, energía y una fuerza de voluntad mayor para ser tu vida perfecta.

Volviendo a mi historia. Cargaba con un terrible accidente, problemas de divorcio y problemas serios económicos, lo que no me daban mucha fuerza para hacer gimnasia. Sin contar que tenía clínicamente prohibido hacer musculación. Los ejercicios que podía, más bien debía, se basaban en una correcta postura de la espalda y no forzar la musculatura. Pero claramente tenía mi mente ocupada en mil problemas y cada día iba a peor. Así que busqué primero la energía en la salud física. Tenía que quitarme ese dolor si quería cambiar mi vida.

Ir al gimnasio no se me hacía una opción. Perdía más tiempo en el viaje que en la media hora que iba hacer ejercicio, encima sin necesidad de aparatos de gimnasia. Así que pensé en comprarme un Pad e intentar hacer ejercicio en casa.

De vago a atleta con Youtube

Quitamos las excusas de que no tienes tiempo, te da vagancia ir al gimnasio, porque te cansas sólo de pensarlo.

Hagamos un poco de memoria. Me rompo el hombro (huesos y musculatura), escápula y costillas haciendo deporte de riesgo. Aún semanas después mi hombro parecía mi muñeca, es decir sin musculatura y encima había perdido ya la movilidad. El músculo había desaparecido y aún un mes después, no podía ni levantar un vaso con agua. Me habían literalmente reconstruido el hombro. Pero poco a poco y con paciencia, el hombro comenzó a tener mayor movilidad.

La recuperación vino recién al 3er mes, aún sin poder extender el brazo hacia arriba y hacia la espalda ni te imaginas. Tenía una placa metálica de 16 cms que unía mi clavícula con unos tornillos muy monos que hacían un -cri-cri- peculiar.

6 meses después pido que me extraigan ya la placa porque me molestaba. Pero yo ya había empezado a hacer mi ejercicio diario particular para acelerar la mejora de la movilidad y la placa no me lo dejaba hacer. Así que a mediados de febrero me quitaron la placa, pero como no podía hacer prácticamente nada con la parte superior de mi cuerpo (en plena cicatrización), empiezo a hacer bicicleta. El médico muy amablemente me decía que el accidente me había jodido un tornillo y no era de la placa, ya que si me caía me tenían que

intervenir de nuevo.

Por cierto un cirujano excelente que lo recomiendo, a todo el equipo médico del Doctor Fraguas, el mejor de Barcelona y quizás de todo España.

Con la bici, objetivo no tenía. Simplemente un poco más cada día. Un poco más rápido, un poco más lejos. 3 veces a la semana y a veces sólo dos, intercalando con yoga y estiramientos.

Empecé con 10 kms que eran suficientes para acabar con la lengua fuera.

Luego ya iba desde el Hotel W a Montgat, paraba en la playa, comía, disfrutaba el momento de tranquilidad y volvía. Son unos 30 kms.

A la tercera semana ya iba hasta Masnou y cada vez lo hacía más rápido. Ya no paseaba. La última semana ya me había bajado una aplicación que medía mi progreso y pude hacer bici de montaña, con 600 metros de pendiente a lo largo de un trayecto de 15 kms en sólo 27 minutos. Eso sí, durante dos días no podía sentarme en condiciones, pero el reto estaba conseguido en menos de lo esperado. Entonces me hice un programa que aún estoy cumpliendo y que creo que cumpliré toda mi vida.

5 meses, 5 grupos musculares. 1 por mes.

Existen entrenadores increíbles en Youtube. Gente altamente profesional que comparte de forma gratuita el saber hacer deporte. Yo estuve varios años con entrenador personal en el pasado, pero eso fue hace unos cuantos años *-para que te hagas una idea, estaba soltero y ahora estoy divorciado-*.

Al no poder hacer pesas y mi trabajo que no me deja demasiado tiempo libre, me compré un PAD y empecé en casa. Mi objetivo: **15 minutos por día cada día**. Sea lo que sea que tenía que hacer, los 15 minutos no me lo quitaba nunca. Y cuando me tocó elegir el ejercicio de mi primer mes, elegí **abdominales**. *-Six-pack, si hasta suena bien-*

Empecé intentando completar esta serie de ejercicios:
https://www.youtube.com/watch?v=Pw6hViAT6Qk
Turnándolo con este otro:
https://www.youtube.com/watch?v=1919eTCoESo

Son ejercicios no muy fuertes para una persona sin dolores ni cicatrices, pero para mi esos 15-20 minutos eran mortales. No sólo estaba roto, sino fuera de forma ;-)

Siempre, siempre, estiraba antes, calentaba los músculos al menos 3 a 5 minutos o bien descontracturaba en mi caso.

Al trabajar con ordenadores y tener parte de la musculatura en reposicionamiento después del accidente, me contracturo una enormidad. Así que hacía estos ejercicios de forma turnada y habitual, incluso llegando a hacerlo varias veces al día hasta sentirme mejor. Te voy a dejar los vídeos que hacía que espero que cuando leas este libro siguen activos:

https://www.youtube.com/watch?v=x6MwJhCA_x4
https://www.youtube.com/watch?v=LpO5-k8zW9o
https://www.youtube.com/watch?v=Pp8UNgkcAYs

Hay muchísimos más, pero esos eran mis preferidos. Las 2 primeras semanas, no había forma de seguirle el ritmo a Brandon. Me moría en el intento. Pero la tercer semana ya fue diferente. El hombro no me molestaba tanto y me arriesgaba un poco más. Al final de la semana había acabado esta serie diaria: **https://www.youtube.com/watch?v=zGbn3NWPVwc** sin problemas, conjuntamente con esta otra: **https://www.youtube.com/watch?v=UOPJhZKa40g** *en el mismo día.*

En resumen. Mi fuerza de voluntad hizo algo bastante increíble. Pasar de no poder moverme, a seguir el ritmo de un atleta en 4-5 semanas. Y eso me parecía increíble. No podía ni respirar las primeras dos semanas y la 4ta estaba como una moto que me sobraba energía y ya me había puesto más retos.

Así llegó el tercer mes y me animé a subir de nivel. Y digo tercer mes, porque el primero fue la bicicleta y el segundo las abdominales. Así que empecé a hacer ejercicios más completos. Ya había empezado a hacer un poco de ejercicio más completo, para intentar tonificar todos los músculos.

Hago ejercicio a diario. Ejercicio que pasó de 15 minutos a casi 45, entre estiramientos, entrenamiento y a veces yoga con pilates. Aún así, no quería aumentar de nivel, el hombro aún me molestaba. **Pero llegado el cuarto mes y ya fue distinto. Elegí hombro y pecho.** Y me dije a mí mismo -*o te curas o te rompes*-.

Encontré: **https://www.youtube.com/watch?v=1s-FhbNtKU0**. El título del vídeo -*Insane home chest workout*-, lo que es lo mismo en castellano "Ejercicios de pecho de durísimos para hacer en casa". Suficiente motivación y reto.

Este tipo es una una máquina. Tiene un programa muy completo en su perfil de Youtube. Así que era mi objetivo. Primeras dos semanas, a duras penas llegaba a las 10 repeticiones por ejercicio y *de rodillas*. El hombro no me dejaba mucho más -*aunque no creo que con el hombro bien pudiera tampoco hacer más*-. La primer semana no llegaba a acabar la tercera serie de 6 -*si ves el video lo entenderás, él tampoco :-)*-. El vídeo se basa en hacer 15 repeticiones por cada una de las 6 variantes de levantar tu propio cuerpo con flexiones de brazos.

La tercera semana me decidí a hacer las flexiones de forma normal y no de rodillas, llegando a hacer series de 10 repeticiones. Mi hombro estaba más fuerte y pude acabar la semana sin mayores problemas que un cansancio de la leche cada día, pero nada más. Y en la cuarta semana logré mi objetivo, acabar todas las series como él lo hace en el video. 6 ejercicios de 15 repeticiones cada uno. Un total de 90 flexiones por serie, con 3 series en total (o casi).

Mi último día del mes, pasó algo increíble. Hice **6 series de 15 repeticiones**. Pero lo más sorprendente fue descubrir que podía más que 3 rondas de 6x15 y acabé haciendo **5 rondas**. Me sentía con una energía sobrehumana, así que lo **complementé con 450 abdominales** de los 10 tipos que aparecen en este vídeo: **https://www.youtube.com/watch?v=1919eTCoESo**

Me miro al espejo y digo -*Que bien estoy joder. Que cambio*-. Estaba tan cambiado que me saqué una foto para recordar. Hacía sólo 4 meses que me había quitado la placa de titanio, y pasé de fuera de forma, a estar musculado como nunca antes y con 15 kilos menos. Así que ahí tengo mi programa. Ahora hago como hábito diario, hacer ejercicio cada día. Busco equilibrio no sólo mental sino corporal.

———

Como el dicho, si yo puedo tú también

———

El secreto radica en hacer algo repetitivo cada día y sin

pensarlo. Sólo un ejercicio. Por ejemplo bicicleta. La coges y te vas. Paras en un sitio de naturaleza, en mi caso la playa. Comes, despejas la mente y vuelves. No es complicado, yo ahora voy a la oficina en bicicleta y cuando vuelvo le dedico 30 minutos a mi cuerpo. Me da energía.

Por mi parte convencí a un amigo que estaba estresado y sin energía. Le dije que tenía que salir de la monotonía de levantarse, desayunar, trabajar, volver, cenar y dormir. Que porqué no iba caminando al trabajo. Me decía que imposible. Bueno, que vuelva del trabajo y de una vuelta a caminar. Necesitaba dedicarle tiempo a su cuerpo si quería seguir ese ritmo y que no valían excusas de que no hay tiempo. Le expliqué todos los beneficios de caminar un día comiendo distendidamente en un viaje de negocios. Y adoptó la estrategia que le ha cambiado la vida. Emprendedor como yo, trabajando muchas horas por día. Familia y problemas te roban la energía.

Caminar es tremendamente potente. Te libera tu mente y si lo haces a trote, activas toda la circulación del cuerpo.

Se levanta a las 6 de la mañana, y como un robot, se pone ropa de deporte y sale a caminar 1 hora. Entonces vuelve, desayuna, se ducha y se va a trabajar.

Nunca se había sentido con más fuerza en la vida. Esa rutina de cambio literalmente su vida. Motivado, con casi 20 kilos menos. En forma. Esa energía ha hecho que a los pocos meses su empresa empiece a crecer como la espuma. Cada vez que hablamos dice "cada día tengo menos tiempo, pero gracias a mi rutina, no me preocupa. Nunca había tenido tanta energía y estoy seguro que no la tendría si no hiciera mi rutina diaria."

Ejercicio sin excusas.

Si eres vago y quieres forzar al cuerpo a aprender buenos / nuevos hábitos, debes hacerlo con un sólo grupo de músculos por vez. Si los haces con todos a la vez, tienes que tener mucha fuerza de voluntad exceso de paciencia, porque no verás resultados rápidos y te desmotivarías. Lo segundo es que acabas tan reventado que ya no te anima demasiado a hacer ejercicio el día siguiente.

Este planteamiento es más sencillo. Dedicar el tiempo justo hasta que no puedes hacer más. Sean 5 o 20 minutos. Se basa en ejercitar ese músculo (o grupo muscular) al máximo y cada día hasta que coja fuerza y memoria. Descubrirás que el músculo parece entender tus órdenes y en poco tiempo ya está preparado para aumentar de nivel.

Capítulo 18. Que no vuelva a ocurrir. Predecir y prevenir

La verdad que una excelente forma de prevención, es delimitar y tener unas metas claras en tu vida, acompañadas de una visión y una esperanza. Todo ello, hace que vivas el presente mejor. Curiosamente el cuerpo y la mente no se encuentran en armonía con el desconcierto y la incertidumbre.

El pánico a lo conocido, la desesperación por esperar un resultado, sea positivo o negativo, da igual, quiero saber cómo acaba. Parece una serie de estas que crees que llegas al final y sale -una nueva temporada-. Pero como la serie, suelen acabar diciendo -buf, ya lo veía venir-, y otras muchas veces -de verdad? pero si...-.

Así hoy en día es tu vida. Tus mil series, documentales de animales y películas de acción, pasan por tu consciente todo el rato, bloqueándote. Lo único que ves es que no llegas a todo y no hay una salida clara. Entras en bucle y te desesperas.

Te voy a decir un método, que sólo en mi humilde opinión te digo que lo pruebes.
No te voy a decir nada que no conozcas, y seguro que le darías el consejo a cualquiera, pero hay un detalle y es la -memoria selectiva-.

Claves para dominar el estrés y ser más productivo.

Una técnica que puede ayudar a evitar el estrés ante situaciones que no puedes controlar o el exceso de trabajo es *estar en foco*. Estar en focos es la puerta de entrada a *estar en flujo*. Como la palabra lo dice, te puedes focalizar en una tarea y fluir en su desarrollo.

Una excelente forma de prevención es delimitar y tener unas metas claras en tu vida, acompañadas de una visión y una esperanza. Todo ello, hace que vivas el presente mejor. Curiosamente el cuerpo y la mente no se encuentran en armonía con el desconcierto y la incertidumbre, lo que te hacen perder el foco.

La desesperación provocada por la espera de un resultado positivo o negativo, da igual, quieres saber cómo acaba, te hacen entrar en un bucle que no sabes como salir. Parece una serie de televisión de la que crees que estás llegando al desenlace y sale -una temporada nueva-. Pero como en la serie sueles acabar diciendo -si es que ya lo veía venir-. Y otras muchas veces -de verdad? pero si…-.

Las mil series, documentales de animales y películas de acción, pasan por tu consciente todo el rato, bloqueándote. Así hoy en día es tu vida. Lo único que ves es que no llegas a todo y no hay una salida clara. Entras en bucle y te desesperas.

Te voy a decir un método, que en mi humilde opinión, te digo que lo pruebes. Llevo mucho tiempo aconsejándolo y siempre ha tenido excelentes resultados.

Memoria Selectiva

Cuanto mayor controlador eres, mayor será tu depresión y estrés ante un número mayor de cosas de las que quieres controlar.

Redundante, pero cierto.

Para conseguir tu objetivo de intentar no asumir los problemas, a partir de ahora, deberás bloquear tu actitud negativa transformándola en indiferencia. Es duro ser indiferente ante las situaciones que te alteran o te provocan un estado emocional negativo. Pero la indiferencia es el factor detonante, la que te hará tomar decisiones con cabeza y no por impulso. Decisiones sabias. La cara negativa del asunto, es que la indiferencia en las relaciones sociales y sentimentales no son compatibles. Pero estoy seguro, que tu eres suficientemente inteligente para aprender a ser indiferente sólo con los problemas y no con las personas a las que tienes cariño.

A partir de ahora tus estados emocionales serán indiferencia, positivismo, aprobación y recompensa. Y los otros estados emocionales relacionados con el negativismo, la ira, el desprecio, etc, desde ahora mismo los borrarás de tu cerebro.

Esta técnica está basada en saber recomendarte a ti mismo, qué harías. Tienes que plantear un escenario por el cual, si viniera un amigo con ese problema preguntándote consejo, ¿qué le dirías?.

La indiferencia te hará llegar a un estado de olvidar lo que no importa. Debes olvidar de forma consciente y rápida, aquellas cosas que se escapan de tu alcance. Concentra tu energía en actuar sobre lo que realmente controlas en ese instante. Todas aquellas situaciones que te enfaden o te desesperen, en sí todas aquellas que te provoquen un estado emocional negativo, debes escucharlas, entenderlas y olvidarlas.

Entonces, cuando te venga una nueva tarea o situación que solventar, que no puedas en ese mismo momento resolver, la escuchas, las escribes en tu agenda de -cosas pendientes- y sigues con lo que estás haciendo. Te lo apuntas en la agenda cómo un recordatorio -hacer X para el martes a las 4 -.

La agenda será a partir de ahora, el único que te haga recordar de forma momentánea y puntual, lo que tienes que solucionar. Cuando digo olvidar es OL-VI-DAR. Y dedica tu memoria sólo para guardar cosas que te provoquen un estado emocional positivo.

Por ejemplo: Hoy me junté con un amigo, fuimos a comer, recordamos viejos tiempos y sacamos unas risas. Me alegro por haberme juntado con mi amigo.

El impulso. ¿Quién domina a quién?

Nuestra necesidad por dominar el estrés, a veces nos lleva a cometer errores que no cometeríamos si estuviéramos centrados. Son aquellos que suceden pensamos -pues claro! seré #%$&@#$!-.

La improvisación es la chispa de la vida. Sin planes, conducir hasta un hotel perdido en la montaña con tu pareja o un amigo y hacer algo nuevo, hace que nos sintamos vivos y nos llena de energía.

Pero improvisar con nuestro futuro es, quemarnos. Las personas impulsivas -yo soy uno de ellos-, lo tenemos más complicado a la hora de planificar nuestro futuro sin actuar de forma impulsiva cuando tenemos situaciones de estrés.

Una persona impulsiva, suele ser una persona que quiere tener el absoluto control del entorno. Es alguien que lo más seguro que cambiará de parecer al día siguiente o al poco rato, por eso no hace demasiados planes. No te ha pasado que ves unos zapatos o un reloj que te encantan y lo compras, para luego casi no usarlo.

¿Crees qué eso es bueno?

Lógicamente que a veces lo es. Pero por lo general el acto impulsivo viene asociado a un cambio de humor. Y eso no es demasiado bueno.

Te cabreas muy rápido por un comentario que no te ha gustado. En el coche. Con tu pareja. Con un amigo, con un cliente... Vaya te cabreas mucho, entonces. Malo malo.

De que sirve. Si eres feliz, por arte de magia no te enfermas, rindes más, eres más fuerte, parece que no engordas, estas más activo. ¿Crees que es casualidad?

El tener un impulso se puede decir que es permisivo si tal cual viene el impulso malo viene el bueno (aunque estas en la línea de la doble personalidad amigo/a). Pero si. Tener un impulso con tu pareja de repente darle un beso como si fuera la primera vez, el tener el impulso de darte un capricho, de hacer algo distinto. Esos impulsos son geniales.

Pero por lo general controlar los impulsos es síntoma de inteligencia emocional. Puede que pienses que si eres impulsivo es bueno, quiere decir que eres pasional, que te lo tomas todo en serio, pero no lo es. Lo que haces es sobre estresar el cuerpo tontamente y eso a la larga tiene consecuencias en tu estado anímico.

Entonces, volvamos a la suposición. Tenemos una situación -estresante-, algo que no sale como esperamos. Se acumulan los problemas. Parecen las velas de cumpleaños que intentas apagar y se vuelven a encender.
Pues bien. Respira hondo, bebe agua, sal a caminar. Aleja tu mente de los problemas. Necesitas estar off y ver las cosas desde otra perspectiva. Aunque suene a ciencia ficción.
Controla la desesperación, el desconcierto, las ganas de dominar el resultado y concéntrate en darte un consejo objetivo de que debes hacer para resolverlo. Si el problema va más allá, que no depende exclusivamente de ti, sino de otros dos mil factores, deja eso para tu -yo interior- que busque la solución.
Vayamos a un ejemplo.
Tienes que hacer algo urgente para dentro de un mes, pero te ves que no te sale y el tiempo te apremia.

Te recomiendo apuntarlo a en tu calendario o agenda que lo tienes que revisar dentro de una semana y lo olvidas. Sí, leíste bien, te despreocupas de tu urgencia y la olvidas.

Ahora, apuntas en tu -lista de deseos-, el resultado que esperas de ello.

Cuando lo tengas en tu lista, léelo conjuntamente con tus otros deseos cada mañana y cada noche. Imagina un resultado óptimo de ello. Transmite a tu subconsciente lo que comúnmente llamamos buenas vibraciones, pero en ningún momento pienses soluciones, ya las pensarás de aquí a una semana.

El objetivo. Controlar la situación.

No es transformarte en un psicópata sin sentimientos -haciendo referencia a la primera parte de este artículo que hablaba de la indiferencia-. Ni tampoco en un despreocupado de los problemas. Se trata de aprender a afrontar los problemas de modo objetivo. Es algo que sueles ver en las películas policíacas, donde al protagonista -policía- lo apartan del caso por su estrecha relación personal.

Pues tu igual con los problemas. Trátalos de forma objetiva y racional y encontrarás siempre una solución.

Quizás eres una de las personas que trabaja bien con la presión. Pero la presión es positiva cuando tu mente sólo tiene 1 cosa que solucionar. Y es altamente negativa cuando tienes más de 2 incertidumbres y se suele bloquear o cometer errores.

Quiero acabar diciendo que los impulsos no siempre tienen connotación negativa. -cariño, te quiero, dame un abrazo-, -felicidades-, -Dios! qué bien dibujas hijo!-, -vamos a hacer algo tú y yo ahora mismo, vámonos-.

Capítulo 19. ¿Cuán lejos estás de tu destino ideal?

Creando una analogía de tu vida, un metro en donde el 0 es por ejemplo, hace un año y el 100 cms es tu vida ideal, ¿dónde crees que te encuentras ahora?

Hay una frase que define esta pregunta que me ha hecho pensar mucho tiempo.

Todos morimos pero no todos vivimos.

Una frase muy profunda que nos hace ver la realidad.¿Crees que una persona que está a punto de morir se lamenta de cosas que ha hecho o se lamenta de cosas que no ha hecho?

A estas alturas del libro, estoy seguro que ya sabes que debes hacer ahora mismo para ser más feliz. Feliz en un espectro general. Feliz por estar a gusto con el momento y disfrutarlo. Si quieres cambiar tu mundo, empieza por cambiar la percepción que tienes de él.

El secreto que se te ha ocultado toda tu vida, no es que debes esforzarte por ser feliz. Es simplemente serlo.

No hay que buscar la felicidad, hay que encontrarla. Para ello debes hacer cosas en tu vida. No debes culparte por malas decisiones, debes empezar a tomar decisiones sabias, pensando en tu presente y no en un hipotético futuro. A veces nos sobre-preocupamos de ese futuro tanto que no vemos lo mal que estamos llevando el presente.

Ahora mismo tienes una medición, siguiendo la analogía del metro. ¿Dónde te encuentras? ¿Estás entre 10 y 20 centímetros? ¿Estás llegando a la mitad?

No hace falta cambiar tu vida al completo. Comienza por pequeñas cosas. Haz una lista de las cosas que te gustan y de las cosas que no te gustan, y a partir de hora intenta hacer más de la lista de las cosas que te gustan.

Aprecia el momento de vivir. No te quedes mirando la tele para pasar el rato. Haz cosas que quieras recordar. Quiero ver como este libro te inspira a crear tu nueva vida, llena de experiencias. Experiencias innumerables que te hagan ver el increíble mundo en el que vives. Me gustaría darte ideas, pero más allá de las mías, tu tendrás las tuyas propias.

Qué tal si ahora repites el capítulo 13 y lo haces en un lugar que nunca hayas estado. Planea un viaje. No hace falta dedicar mucho dinero. Hay naturaleza por disfrutar sin necesidad de coger un avión. Un lago, una montaña, un río. La naturaleza te dará la paz suficiente para poder reactivar tu vida.

Cuidando los detalles o siendo meticuloso no es motivo de no hacer cosas sin planificar. O por lo contrario ser totalmente desordenado, no quiere decir que no puedas ordenar tu vida.

El hecho de ahora conocer que tienes un verdadero potencial por explotar dentro tuyo, te puede hacer ver otras vías. El desarrollo interior no es el principio básico de este libro. Demostrarte a ti mismo que no tienes límites para ser feliz, sí que lo es.

Para planificar tus siguientes pasos, tus próximos días, tu futuro, empieza a hacer la medición de tu presente. Evalúa y pon en un papel qué quiere decir el 100 centímetros. Qué quiere decir ser feliz.

¿Cómo sabes que algo no te gusta si no lo has probado? Si quieres aumentar tu potencial, dale nuevas experiencias de donde aprender. Idiomas, culturas, una nueva profesión, un hobby, bailar, hablar con desconocidos, ofrecer gratitud.

Debes tener siempre la mente libre de preocupaciones o al menos intentarlo. Las preocupaciones son representaciones de una falsa realidad. El cerebro evalúa posibilidades continuamente. Enséñale a predecir futuros que tu deseas.

Ya sabes que tu cerebro tiene la solución a todos los problemas, simplemente estás adoptando una perspectiva no productiva y poco válida. Deja a tu cerebro hacer el trabajo mientras duermes. Dale actividad, experiencias y alegrías y él hará el resto.

He empezado el libro diciéndote que todo lo que hacemos en nuestra vida se basa en satisfacer a nuestro cerebro. Ello quiere decir que si no le das alegría, él no te la dará a ti.

Capítulo 20. Meditación versus el método Rudy

Llegado a este punto del libro, me puse a buscarle un nombre a este método. Ahora vosotros veis este nombre pero por eso el libro se llama **Escribe Tu Futuro** y no el Método Rudy.

Más allá de la obviedad, propuesta por varios amigos cuando agradecen los consejos y me dicen lo bien que va ahora su vida con el "Método Rudy", me ha sido imposible poner otro nombre. No soy un científico, ni filólogo, ni tampoco soy un fan por leer libros, generalmente no los acabo.

La meditación te invita a participar de un estado de relajación necesario para tu vida, permitiendo ver las situaciones desde otra perspectiva en busca de reducir tu estrés. Realmente todos necesitamos ver las situaciones desde otro ángulo para entender que quizás no son tan graves como parecen. Ser más feliz por reducción de estrés. Ser una persona más agradable.

Con mi método lo que pretendo es solución los problemas de raíz. Entender las causas aunque no seamos conscientes a veces de ello, y encontrar una solución que mejore nuestro estado anímico y nos haga mas fuertes. No siempre necesitas entender el problema para solucionarlo, a veces sólo hace falta decisión. Debemos entender que queremos de nuestra vida para entender que es lo que realmente nos está haciendo retroceder y lo que por otra parte nos hace avanzar hacia ese objetivo de bienestar y plenitud.

La meditación no busca solucionar tus problemas económicos, ni de amor, ni de trabajo. Ofrece un camino a la relajación, intentando que esos problemas no influyan en tu salud, algo esencial. Está realmente relacionado. Si los problemas te afectan en exceso, entras en un estado de depresión por el cual no es fácil ni de salir ni de dejar de bajar.

Con este método, utilizamos la escasa fuerza de voluntad que nos queda, y nuestro sorprendente cerebro, para dar luz a nuestra vida. Enriquecer el entorno. Agradecer que estamos vivos. Entender el presente que es lo que realmente podemos controlar. Entender que no hay nada inalcanzable. Solucionar problemas de forma más sencilla.

Desde que estoy escribiendo este libro, yo mismo he evolucionado. He llegado a escribir 16 páginas de este libro en poco más de 3 horas. Me he levantado con soluciones increíbles a inquietudes que tenía antes de dormir. Afronto mejor la vida, con más energía. Esa energía es empática. Aunque tu no la percibas, tu alrededor sí.

Comenzarás a ver que tus amigos te dicen -hey te veo mejor-. Comenzarás a ver lo fácil que se te hará hacer sonreir a la gente.

Hace unos días, en un evento demostré lo fácil que es acceder a nuestro subconsciente y hacer algo que parece salido de una película de ciencia ficción.

Estaba hablando con 2 amigos, explicando la filosofía de lo que estaba haciendo y me dicen:

- Todo lo que me cuentas parece sorprendente
- Pero…
- Ya, pero es lo que se dice habitualmente, visualización, mirar nuestro futuro, meditación.
- Se dice pero no se practica bien, ni se obtienen resultados visibles, entonces -se dice- y no -se entiende-. Te voy a poner un ejemplo de lo que puedes hacer y lo que te queda por explorar. Ves ahí a Xavi, que lleva 1 hora hablando con esa chica, ¿no?
- Si.
- Pues vamos a hacer que se gire, y luego le preguntamos porqué se giró. Mira, tu no hagas ningún gesto ni nada, verás como en unos segundos se girará buscándonos y seguirá hablando. Cuando se gire tu no le hagas caso y sigue hablando conmigo.

Aproximadamente 5 o 10 segundos después el se giró.

Seguí hablando con mi amigo sorprendido hasta que al rato nos juntamos con Xavi.

- Rudy: qué como ha ido con tu amiga?

- Xavi: Bien, nada estábamos hablando
- Amigo: ¿Te diste cuenta que te has girado? ¿Por qué te giraste?
- Xavi: ¿Por? Pues la verdad que no lo sé. ¿Por?

Tanto Xavi como mis otros 2 amigos no podían entender lo que había pasado. No es que haya sido un caso aislado, hice lo mismo unos minutos después con una chica que no conocíamos, y aún ellos seguían sin creerlo así que busqué alguien en la sala que estaba de espalda y realmente lejos y lo volví a hacer. Este hecho lo he repetido una veintena de veces y es algo que realmente te demuestra a ti mismo, que tú controlas tu destino.

A parte de ganarme 3 nuevos fans, no intentaba demostrar un truco de magia ni de telepatía ni nada parecido. Las mentes están conectadas. Tú y yo, formamos parte de un nosotros. Debes entender que tu cerebro no es sólo el consciente, forma parte de un conjunto donde se encuentra también el preconsciente, subconsciente e inconsciente, la parte más oculta de nuestro cerebro, accesible sólo por la meditación. Estas 3 zonas poco conocidas para la mayoría, están ahí y han sido científicamente demostradas que con la meditación, la concentración o con un evento trágico por el cual nuestra vida corre peligro, accedemos a ella y nos da soluciones. Nos permite fabricar adrenalina para darnos fuerza, serotonina para estar más felices, glucosa para darnos energía. Nos permite conectar neuronas para encontrar soluciones. Acceder a nuestro cerebro creativo y darnos ideas. Simplemente la traba somos nosotros. Nosotros ponemos las limitaciones diciendo -no puedo-.

Si hoy te planteas hacer una maratón de 40 kilómetros sin haber corrido nunca más de 1 kilómetro, hay un 99,99% de probabilidades que no puedas hacerlo. Está claro que no buscamos el milagro. Pero si te pones como meta hacerlo y te entusiasmas y te auto-convences, te prometo que antes de lo que creas la estarás corriendo.

En momentos de baja moral, lo que necesitamos es subirla. Necesitamos ver la luz al final del túnel, no sólo la oscuridad del propio túnel. Necesitamos ver cómo las cosas no son del todo malas. Y en cuanto eso pasa, parece que la suerte cambia. Dentro nuestro es posible que estén todas las soluciones pero no sepamos verlas. Por eso este libro intenta mostrarte una técnica para acceder a estas soluciones sin tu ser consciente de ello. Intentando motivar tu vida. Intentando encarrilar tu futuro.

Como una estación de tren. Tu puedes escribir tu futuro, si tienes claro hacia dónde vas. Hoy comprarás un billete con destino, y te subirás al tren que te lleva hasta ahí. En el camino hay paradas, por las cuales puedes bajar y hacer -transbordo- si lo deseas. Porque los deseos cambian.

Siempre debes tener la seguridad que teniendo este objetivo claro y siguiendo los pequeños pasos que este libro te ofrece, tu vida cambiará como lo ha hecho la mía y ya una veintena de personas allegadas a mí.

Capítulo 21. La importancia de la constancia

Hace un par de semanas, una amiga me comenta -Rudy, estos día me estuve dejando de lado tu método, y se nota-. Días después me comenta -Pues sí que se nota, intentaré no dejarlo de nuevo. Es que como conseguí cosas lo dejé y luego empecé a volver a lo anterior. Pero por suerte al volver al utilizarlo, todo empieza a volver a la nueva normalidad-.

Verás con este método que los resultados empiezan a verse al poco tiempo. Parece que eso nos hace bajar la guardia y nos olvidamos que empezar a cambiar no quiere decir que ya todo ha cambiado.

Hace unos días he empezado con acupuntura. Curiosamente anteriormente en el libro comentaba que era lo único que me faltaba por ir y que seguramente iría. Tengo que recuperar la sensibilidad en el hombro, que perdí en el accidente. También lo hago para intentar amainar los dolores de cuello y hombro que me dan las enormes contracturas que me trae la reubicación de los huesos.

Conozco a Pedro Demicheli, un genio que me deja como nuevo cada día que voy. Su currículo era más que sorprendente; PhD en acupuntura, varios masters y galardones, y era el momento de ver una alternativa interesante a mi recuperación física que aún me faltaba por probar.

Yo funciono por referencias no pretendo sacarte el dinero. Si en la primera o como mucho la segunda sesión no ves un real cambio o mejoría, no lo verás aunque te haga 10 sesiones más. Lo que vamos a hacer es intentar equilibrar el sistema nervioso. Un sistema nervioso alterado, colapsa a lo que coloquialmente llamamos, sistema auto-curativo. Bloquea el sistema inmunológico, te genera nuevos males. Así que lo que vamos a hacer ahora es sedar a todo tu cuerpo, dándole un punto de salida y descarga de toda la tensión.

Las sesiones son de hora u hora y media, lo que te da tiempo a hablar de muchas cosas. A mi particularmente me interesaba el por qué y el cómo de la acupuntura. Pronto hay confianza y comienza a contarme la historia de sus inicios, como empezó todo lo que hizo y el desafío de lo que ha conseguido.

Estudié en China, en una época muy militar y comunista. Una cultura totalmente distinta a la nuestra que me cautivó desde el primer momento,
así comenzó su historia que vale la pena narrar.

La filosofía oriental. Las palabras del Dr. Demicheli

Su forma de enseñar la medicina es diferente a lo que se conoce en occidente o al menos lo era cuando yo estudié. No es una cultura que regala sabiduría y sus secretos en las primeras lecciones. Ellos te enseñan a vivirla y que descubras su realidad por ti mismo, su forma de pensar y su por qué.

Nos veían como los occidentales chupópteros que queríamos llevarnos sus secretos para la madre capitalista y hacer de su filosofía de vivir, una máquina de fabricar dinero.

Desde el principio te muestran la dificultad y esfuerzo que representa todo lo que tiene valor en la vida. -Vosotros tenéis que trabajar para tener éxito. Lo que te venden las películas de Hollywood, que sin hacer nada, trabajando sólo lo justo, teniendo fines de semana sin preocupaciones, vas a tener una casa con jardín y una vida llena de abundancia. Que cuando abres la puerta, tu perro que ladra y te da la bienvenida con 4 lametones y un niño, que es tu hijo que te da un abrazo y te dice - papá te echaba de menos, como te ha ido del día?. Y llegó la primera lección que no he olvidado jamás lo que pasó.

En las prácticas, intentaban que aplicásemos lo aprendido en el día a día. Continuamente nos hacían pruebas de dedicación y sacrificio, aunque no fuéramos conscientes de ello. No había

Internet, así que comunicarte con tu familia no era tan sencillo como ahora. Venía con las bolsas de la compra, cansado y con las manos totalmente ocupadas, pero al ver una carta de mi familia, te colgabas las asas de los brazos y hacías malabares en la escalera, intentando abrir la carta antes de pasar por la puerta de mi departamento. Era una época en la que volar era un lujo que no me lo podía permitir. Sólo los privilegiados podían hacerlo. Así que extrañaba mucho mi tierra.

Insistían en la necesidad de controlar mis deseos para conseguir las metas. Que, debía coger la carta, subir la compra, entrar a mi casa, ordenar toda la compra primero y luego, con tranquilidad, sentarme y abrir la carta. Pero eso era un ejemplo vano comparado con lo que nos pasó justo en la primer semana.

Nos llevaron un día muy temprano de la mañana, aún sin desayunar, a visitar sitios culturales. A diferencia de cualquier otro paseo turístico, descubrimos que pasaban las horas y no comíamos ni había dónde beber. Ya en el autocar, con viaje de varias horas, te entraba esa inquietud. Recuerdo que pasaban las horas y la visita cultural pasó a un segundo nivel, tenía hambre. Del hambre pasó a la sed. La gente comenzaba a ponerse malhumorada y agresiva. Parecía más una tortura que un paseo. Hacía muchísimo calor, humedad y esa gente nos llevaba a sitios donde no había comida ni agua.

Recuerdo que encontramos una fuente, intentamos beber agua, pero curiosamente no salía agua. En sitios a las afueras, es común encontrar una especie de botijos que cerca de esas fuentes, que casualmente ese día estaban vacíos. Entre nosotros nos preguntábamos, que pasaba y había varios que llegaron a discutir.

Estamos de vuelta en el centro de estudios y nos llevan a un auditorio. Nos traen un vaso de limonada fresca, típica de un viaje vacacional al caribe. Recuerdo hasta la pajita y la buena pinta que tenía. -Tenéis que estar al menos 1 hora sin beber la limonada- y nos dejan solos.

Las dudas eran muy obvias, nos habían dejado sin agua y comida por esto. Pero el por qué no lo sabíamos. Suponíamos cosas como -y si la bebemos nos echarán del curso?-, -cuál es el fin de esto?. Etc. Pero lógicamente, veía a mis compañeros poco a poco, uno a uno ceder a la tentación y beber la limonada.

Fue dura aquella experiencia. Ver como tus compañeros caían y nadie le daba el alto, así que quizás no pasaría nada, pensaba yo. Me entraron palpitaciones. Estaba deshidratado. Hacía un calor terrible y llevábamos desde el día anterior sin comer ni beber. Para mi dentro pensaba -quizás yo soy estúpido aquí, pudiendo beber y que no va a pasar nada. Pero el miedo a que me expulsen era mayor que la tentación.

Vosotros en occidente os conformáis con la primera opción, la fácil, la que os viene -es que no está mal... y total... Pero pocos fijáis una meta y lucháis hasta el final para conseguirla. Es el caso que todos queremos ser capitanes del barco siendo marineros, pero sólo hay uno que ha conseguido serlo y por eso dirige el barco. Luego el resto de su vida se arrepienten pensando - yo aquí con mi edad, rascando suelos y el capitán comiendo en una mesa con la admiración de todos los pasajeros.

Tres años después, llega el tan ansiado día de la graduación. Nos sacan una pantalla gigante donde aparecen vídeos de cuando habíamos entrado.
- Ostras. ¡Mira! que recuerdos. Anda, si nos habían filmado.

Me doy cuenta que en la pantalla estábamos viendo aquel día de visita cultural. La filmación continúa hasta entrar en aquel auditorio con el vaso de limonada en frente nuestro, sedientos.

- ¿Recordáis aquel día? Mirar quienes son los compañeros que han bebido del vaso y veréis que ya no se encuentran con vosotros en esta graduación.

Que curioso. De verdad que ninguno estaba allí. Esa gente sabía desde el primer día quien superaría el curso sin nosotros saberlo. Y era cierto. Recuerdo los compañeros que abandonaron durante este tiempo dándome diferentes excusas - *es un curso muy duro que no le veo el por qué ... no aguanto el clima ... no me adapto a su forma de vivir ... echo de menos a mi familia ... que no podía estudiar tantas horas y necesitaba descansar ... etc etc.* Siempre alguno tenía una excusa o un problema que no le había hecho llegar.

Daba igual lo inteligente, hábil o sabio que eras. Se trataba de saber valorar lo que estabas aprendiendo, fijar un objetivo e ir hacia él.

"Si os fijáis, en todos los puertos del mundo encontraréis un barco llamado Constancia. Porque la Constancia es el secreto del éxito."

¡Gracias Pedro!

Capítulo 22. Haciendo tus deseos realidad

Es muy probable que a estas alturas del libro, ya tengas tu *lista de deseos* hecha y quizás ya hayas visto cambios. Cómo te había comentado, 3 es el número perfecto. 3 es el inicio con sentido. Interesa empezar a creer que el destino puede cambiar. Interesa ver con ilusión esas pequeñas cosas que si las pudiese cambiar, serías más feliz.

Al principio fracasé haciendo una lista demasiado larga. Empecé con un deseo, pero como la lista de la compra, fui añadiendo. Al final me di cuenta que estaba perdiendo el foco. Creía que si hacía la lista larga, a ver si alguna se cumplía. Me di cuenta que la mayoría de cosas realmente no las deseaba y no me harían feliz.

Entonces reduje a lista a aquellas pequeñas cosas que realmente marcarían una diferencia. Que realmente me harían creer que tengo una oportunidad. Cosas que harían desaparecer mi estrés. Relajarme. Ver la vida diferente.

Hay pasos imprescindibles para que esto funcione.
- Entender tu situación actual,
- asimilarla,
- recuperar la ilusión,

-   y el deseo por hacerlo realidad.

¿Eres una persona que se rinde fácilmente? ¿Crees que los demás tienen más suerte que tú?

La pregunta que te debes hacer ahora mismo no es *por qué* ni *cómo* mis deseos se harán realidad. La pregunta que debes hacerte es ¿estoy preparado?

Lo primero es saber a dónde quieres llegar. Por eso es tan importante verte en un futuro a ti mismo viéndote feliz y entusiasmado con ese resultado. Si en 20 años te imaginas un futuro que no te apasiona, que simplemente es lo que va a pasar, eso no es tu futuro perfecto.

Debes dejar de lado todo aquello que te desvíe de ese futuro. Porque te desviará de tu objetivo. Tienes que focalizar. En el foco está el éxito. Cuanto antes te encarriles, antes serás feliz.

El hecho de que en algo no te haya funcionado en el pasado no quiere decir que no te funcione en un futuro. Quizás, como se suele decir -no era el momento-. Aunque pensemos mejor en que -no estabas preparado y ahora sí-. Ahora sabes que debes tener prioridades. La sabiduría es muy importante en tus deseos, la que puede cambiar la perspectiva. Empieza con una meta, quizás pequeña, pero que te dé valor y motivación. Cúmplela y creerás más en tus habilidades. Antes que te des cuenta, todo se empezará a encarrilar en una nueva dirección que tú has decidido. Ese momento que parece mágico, es cuando has aprendido a controlarlo. Festéjalo. Diviértete en honor de tu nuevo rumbo. Recompensa a tu mente por haberlo conseguido. Tu entrenamiento y persistencia comienzan a dar sus frutos.

Toma esta técnica como si de un deporte se tratase, en donde debes entrenar, motivar, mejorar y vencer. Un deporte que como todo se debe empezar a entender cuál es la técnica que más se adapta a ti, cuáles son tus fuerzas y cuáles tus debilidades.

Si empiezas hoy a jugar al tenis, es poco probable que puedas estar en un mes entre los 100 mejores del mundo. Ni tampoco se trata de pensar que eres un jugador pésimo y eso no es para ti. Así que para un deportista o para casi cualquier cosa en la vida que te propongas, no es tan importante la aptitud como la actitud. Puede que tengas una excelente forma física, pero nunca llegarás a ser un deportista de élite sin una ardua preparación y entrenamiento *mental.* La mente es la que domina tu vida. Tu mente. La pasión. La ilusión.

A diferencia de un deporte, aquí no hay errores. Aquí nada te va a hundir. Relájate, tú puedes. Yo no tengo ninguna duda, tú puedes y lo vas hacer genial.

Nunca es tarde, jamás lo es. Hay miles de casos que lo demuestran. He leído y visto casos más que sorprendentes. Tomemos como ejemplo el deporte.

El japonés Miyazaki Hidekichi, corrió los 100 metros lisos en 29,83 segundos a los 101 años, empezando a competir tras cumplir 90 años.

El ciclista francés Robert Marchand, recorrió 600 kilómetros en 36 horas a sus 89 años. A sus 100 años, realizó un esfuerzo aún mayor rodando 300 vueltas al velódromo de Lyon para cubrir la distancia de 100 kilómetros en tan sólo 4 horas 17 minutos y 27 segundos.

Yuichiro Miura, otro japonés octogenario que alcanzó la cumbre del Everest.

Montse Mechó, catalana octogenaria que ya lleva 920 saltos en paracaídas.

Jeff Life, llegó a sus 59 años con sobrepeso y decidió que era hora de cambiar eso. Empezó a regular su alimentación y entrenar. Te recomiendo que lo pongas en Google, y verás su cuerpo a sus ahora 74 años.

Si tu mente lo desea, no hay límites. Los récords están para batirlos. Así que hoy tú empezarás a entrenar para batir tus propios récords.

Ahora es momento de revisar tu lista. Prioriza. Que sólo haya frases que apasionen. Hechos que marcarán tu futuro. Que te salen del corazón.

Lo segundo y no menos importante, haz un cambio en tu vida. Sal. Cena fuera con amigos. Toma una cerveza con alguien de tu trabajo. Empieza algún deporte si no lo has hecho ya. Experimenta. No tengas miedo. Hay muchísimas actividades que puedes encontrar por Internet de las cuales todos irán para hacer amigos y divertirse. Experiencias que te apetezca luego recordar y compartir. Y porque no, repetir.

Capítulo 23. Cambiar nuestra forma de vivir y percibir el mundo es cambiar nuestra biología.

A veces me pongo a pensar, que pasó conmigo todo este tiempo. Por qué no aprendemos todo esto antes, para tener una vida más fácil y sencilla. Realmente, ¿estamos tan perdidos?

Desde pequeños, absorbemos como esponja el entorno. Nos adaptamos y aprendemos de todo lo que vemos. Y lamentablemente de aquello lo cual no vemos, se está transformando en lo más importante de la humanidad.

Nuestras células. Nuestro cerebro. Su funcionamiento. Cómo vemos la realidad. Cómo la percibimos. Por qué tenemos una gran parte de nuestro cerebro que no sabemos controlar. Quién nos controla la vida.

Hace relativamente poco que abrí los ojos a esta nueva realidad. A una realidad llena de oportunidades. A una realidad que ofrece más de lo que vemos y tocamos.

He leído y hablado con decenas de profesionales sobre este

tema. ¿Por qué tardé tanto tiempo en darme cuenta? Creo que vivimos en un mundo que todo lo que vemos es tan abrumador, que no paramos a pensar si hay otra manera de conseguir las cosas, otra manera de obtener todo lo que queremos de la vida.

Nos enseñan a que debemos estudiar, tener una carrera, un buen trabajo, una familia. Parece que pasada la infancia, hemos perdido los dotes de disfrutar. El disfrutar es aquel efímero momento que pasa entre medio del trabajo, dormir, comer y muchas otras cosas que hacemos a diario.

En las últimas décadas han aparecido cientos de nuevas enfermedades. En gran mayoría derivadas de una vida de estrés. Dolor de espalda crónicos, apretar los dientes al dormir, caída de pelo, falta de vitaminas, innumerables factores que hacen más frágil nuestra salud.

Aminoramos esos factores con pastillas, cremas, la mentira de una comida sana. Pero poco a poco vemos que falta algo, que no sabemos que es. Ese algo es lo que no nos han enseñado y debemos descubrir.

¿Sabías que lo que piensas y el cómo vives, puede cambiar tu biología?

Hay muchos estudios que tuve el placer de leer y compartir los resultados y opiniones con los expertos que lo han publicado, sobre cómo puede afectar en el día a día el **efecto placebo** y cómo no, **el efecto nocebo**.

Hablar de un efecto placebo, no es sólo curar una enfermedad con algo que creemos. Va más allá, lo es todo. Lo vemos a diario pero muchas veces no lo sabemos o queremos reconocer.

El comprar un coche nos da felicidad. Esa felicidad, creada por las cosas materiales, se transforman en efímeras y cada vez más cortas, a la vez que vamos adquiriendo más y más cosas. Diría que en cierta manera son un placebo. Un placebo de la felicidad. Esas cosas materiales, que creemos que nos curarán y nos harán más felices, resultan que no tienen efecto. A largo plazo, pasan desapercibidas, cómo si nunca hubieran estado allí.

Eres víctima de las creencias, de la sociedad y no de la realidad. Si te dijera ahora mismo, que es más factible hacerte rico deseándolo que estudiando, ¿habrías estudiado?

El subconsciente es como un procesador cuántico, comparado con el pentium 286 que es el consciente. Si quieres algo en esta vida, lo primero es saber el qué. Y lo segundo, aprender a conseguirlo, sin luchar continuamente contra viento. Sin perder aliento por el camino.

Cuando decidimos algo conscientemente como puede ser, tener muchísimo dinero; si nuestro cerebro tiene grabada la información de que eso es algo muy difícil de conseguir en la vida, pues no lo conseguiremos.

Es más importante el creerte que puedes conseguirlo, que el estar toda la vida luchando porque es lo que te enseñaron. Aprender a entender que si cambias las percepciones, cambiarás tu cerebro y ello cambiará tu realidad. Hay numerosos experimentos que al reprogramar nuestras creencias y percepciones sobre la felicidad, la abundancia, la paz, el amor y muchas otras cosas, podremos conquistarlas.

Y eso es como funciona el efecto placebo. Si pienso que el medicamento que estoy tomando, me curará mi enfermedad, y lo pienso con tanta fuerza que lo creo, cuando me la tomo me encuentro mejor.

Si pienso que una comida me sienta mal, que el trabajo no es para mí, que todo me sale mal, que mi jefe o el mundo está contra tuyo, ese es un veneno que tú estás provocando en ti mismo.

La química que provoca la alegría y el amor hace que nuestras células crezcan, y la química que provoca el miedo hace que las células mueran. Los pensamientos positivos son un imperativo biológico para una vida feliz y saludable. Existen dos mecanismos de supervivencia: el crecimiento y la protección, y ambos no pueden operar al mismo tiempo.

Los procesos de crecimiento requieren un intercambio libre de información con el medio, la protección requiere el cierre completo del sistema. Una respuesta de protección mantenida inhibe la producción de energía necesaria para la vida.
Bruce Lipton, doctor en Medicina e investigador en biología molecular

¿De verdad es todo tan sencillo?

Pregunta trampa. Si lo fuera, no estaría escribiendo este libro a mis cuarenta ni tu lo estarías leyendo. Pero por suerte tenemos las bases para que al menos lo sea.

Si lo fuera, todos seríamos millonarios, atletas de élite, etc. Sólo debes pensar que tú eres uno de esos afortunados. Porque es verdad. Tu eres afortunado de saber ahora mismo que puedes cambiar tu destino. Repito. Desde ahora mismo. Sólo debes saber que quieres de la vida. Qué es lo que deseas para ti como una vida perfecta.

Hagamos la deducción a ver si te puedo ayudar mejor. Considera a tu vida un reflejo de tu aprendizaje. ¿Vamos bien? Lo que nos han enseñado, nuestro entorno y nuestras capacidades, han hecho de nosotros lo que hoy somos. Aunque creas que has tenido buena o mala suerte, la suerte no es un factor detonante. El determinante es tu propia decisión.

Si empiezas un nuevo camino, primero empieza por saber tu destino, o por lo menos, lo que no quieres en tu camino

---

¿Tomas una decisión basándote en hechos o en emociones? Porque si es puramente de hechos o solamente de emociones, te verás siempre como insatisfecho y muchas veces con remordimiento por no tomar la decisión correcta. Debes ser consciente de tus decisiones, pero no forzar a que debas continuamente a pensar si habías decidido bien o no. Debes vivir más el presente. Entender lo que hoy quieres hacer, porque es lo correcto. Entender cuál es tu futuro ideal, que será el primer paso importante.

Cuando tengas bien claro que quieres de la vida, ves a por ello sin miedos. Si algo en tu entorno, no te apoya en esa dirección, intenta evitarlo. Evita todo aquello que te quite motivación en tu vida. Empieza a querer lo que tienes mucho más que desear lo que no tienes. Intenta ver más allá de lo que tienes y verás como consigues todo lo que quieres.

Tú eres inteligente. Tú eres fuerte. Tú controlas tu vida. Nadie lo hará por ti, ni tu subconsciente.

Puedes guiarte por los pasos de este libro, son sencillos. Tan sencillos que parecen no ser verdad, pero lo son. Es muy sencillo desmontar un arma y volverla a montar. Cuántas veces lo habrás visto en películas, que lo hacen en pocos segundos. O aún más, un cubo de Rubik. Hay gente que lo monta uno en cada mano. Es sencillo, si él lo hace, por qué yo no.

Pero ellos sólo siguen una técnica, una técnica que funciona. Si ahora mismo quieres hacer un cubo de Rubik, sin haberlo hecho nunca antes, lo más probable que estés días o meses sin poder acabarlo. ¿Eso quiere decir que es imposible? Sólo quiere decir que no sabes como hacerlo.

Si supieras, verías que lo haces igual o más rápido que los que hayas visto. Es simplemente práctica y aprendizaje.

Estos días que has leído este libro, has visto una nueva forma de conseguir todo en la vida. Y por suerte, has visto lo sencillo que era, simplemente que nadie te lo había dicho.

Te hago un micro resumen de los pasos importantes:
- Mírate en 20 años, tu futuro ideal.
- Traza una estrategia para llegar a ello.
- Llega a tu primer año de cambio.
- Escribe en un papel 3 frases de 3 deseos que harían más feliz tu vida este año, y te llevarían a tu futuro perfecto.
- Léelas cada noche y cada mañana. Justo en ese momento de inspiración y creatividad nocturno y de

somnolencia matutina.

- Confía en ti mismo. Haz que tu 100% del cerebro vea claro tu futuro.
- No interiorices los problemas. Nada es tan importante. Todo tiene solución.
- Haz sólo una cosa a la vez viviendo el momento y el presente. A todos los niveles, emocional, físico, mental. El consciente no está capacitado para hacer más de una cosa a la vez, aprende a delegar ese trabajo a tu mente no consciente.
- Cuida de tu salud tanto física como mental. Haz deporte. Mantente en forma y con energía.
- Evita aquello que te quite motivación y perspectiva.
- Verás muchas casualidades. Pero, las casualidades no existen.
- Poco a poco los hechos te irán conduciendo.
- Festeja cualquier éxito por pequeño que sea.
- Escucha a tu instinto.
- Y si buscas un cambio en tu vida, primero haz algún cambio en ella. Por ejemplo, sal y conoce gente.
- Experimenta. Las experiencias son las vitaminas de tu cerebro.
- Antes que te des cuenta, las cosas habrán cambiado.
- Se constante.

Ahora que sabes que es fácil. No pierdes nada por intentarlo, pero mucho por no hacerlo.

Capítulo 24. Descubre mundo

Sueña tu vida y vive tu sueño.
Juan Sebastián Celis Maya

El último capítulo antes de las conclusiones quiero dedicarlo a ayudarte a estar en sincronía con tu cuerpo y mente, para satisfacer a tu cerebro. El ser humano es un ser curioso, repleto de inquietudes y preguntas. Le encanta descubrir. Le encanta aprender.

Dedica parte de tu vida a conocer nuevas cosas. Sea ir el fin de semana a una ciudad que no has visitado, cómo hacer de turista en tu propia ciudad. Debes motivar a tu cerebro a vivir nuevas experiencias.

Eso ayuda enormemente a crear nuevas soluciones y de adoptar las perspectivas de ver la vida.

Te invito a descubrir cosas que no sabías que te gustarían y que te apasionarán.

De los mejores consejos que me ayudaron a conocer mis límites -o al menos descubrir que puedo siempre superarlos si lo propongo-, puedo destacar mi viaje a San Francisco. Un viaje en plena caída libre de problemas sentimentales, económicos y de salud, de la cuál sin pensarlo demasiado, tomé una decisión que fue recuperar mi empresa.

Decidí viajar a una ciudad nueva. Una cultura diferente. A 15 hs de avión de mi casa. 9 husos horarios me separan de Barcelona, así que cuando yo me despierto para trabajar, mis compañeros de oficina ya se han ido.

Así que me encontraba sólo. Estaba sólo, no conocía a nadie y tenía un objetivo marcado. Había venido aquí a levantar inversión para mi empresa que había gastado todo en desarrollar tecnología, pero se estaba quedando sin liquidez para iniciar el proceso comercial.

Entonces tracé un plan. Pero para cumplir mi objetivo, necesitaba conocer gente y la verdad, no tenía los ánimos para ello.

Que distinto es San Francisco de todo lo que conocía. El multi-culturalismo lo hace un sitio único. Gente muy amable pero inmersa en un mundo digital y poco personal, lo que los hace con muchos conocidos pero muy pocos amigos.

Fue el inicio de este libro, el principio de mi cambio. El verme empezar de nuevo a mis 36 años.

Conocer gente

Empecé a llenar mi agenda con eventos, clases, deportes y todo lo que sea para conocer gente. Tenía días que iba a un evento de desayuno, otro durante el día y acababa con un afterwork que a veces acababa muy tarde en la noche.

Otras de las cosas que empecé a hacer, fueron clases para recuperar mi estado anímico. Clases de motivación, de visualización, de meditación, de yoga. Te recomiendo el *hot yoga*. Si no lo has probado, es algo que recordarás toda tu vida.

El día era largo y debía ocuparlo para no llegar a mi apartamento sólo y comerme la cabeza con problemas. Cada día hacía o intentaba hacer un verdadero amigo. Establecía relaciones verdaderas con personas de muchas nacionalidades que habían llegado a esta parte del mundo con un objetivo parecido.

Poco a poco estaba recuperando mi vida. Estaba contento. Me sentía motivado nuevamente a hacer cosas. Ves a diario como las ideas se transforman en proyectos que muchos de ellos acaban en grandes éxitos. Compartes experiencias únicas, con personas que han llegado al éxito, que te cuentan lo duro que fue y lo que no se conoce. Conoces de primera mano la verdad de los éxitos multimillonarios y te das cuenta que nadie lo ha tenido fácil.

La palabra rendición es de los débiles. Aquí trabajamos noches y fines de semana sin pensar en el fracaso.
Me comenta un emprendedor que consiguió el éxito en su séptimo intento.

Más allá de los negocios, había encontrado una ciudad que me daba una oportunidad a creer en mi mismo nuevamente. Estaba haciendo verdaderas amistades que hoy en día mantengo con cada uno de ellos, a pesar de las distancias. Valoras mucho lo que tienes. Desde fuera aprecias lo que acabas de dejar atrás, las dificultades del nuevo entorno y los pros y contras de lo anterior.

Algo que descubrí en San Francisco, es la filosofía por lo que llaman **"Pay it Forward"**. Hay una película del mismo nombre, protagonizada por Haley Joel Osment, famoso por hacer niño del sexto sentido, que si no la viste te recomiendo. Hacer un favor desinteresado, porque algún día quizás sea yo quien lo necesite. Eso cambió mi viaje. Yo necesitaba contactos y no tenía dificultades para encontrar a alguien que desinteresadamente me presentase a otra persona o me ayudase en aquello que estuviese por la mano.

A medio viaje, ya había recuperado mi vida. No tenía muy claro si iba a recuperar mi empresa, pero como la visita cultural de Pedro Demicheli en su primera semana de estudios de acupuntura en Shanghai, la empresa había pasado a segundo plano.

Hoy tenía una vida nueva, con futuro distinto. Estaba recuperando mi salud gracias al yoga que hacía cada día. Descubrí el Hot Yoga, como te decía. Terrible la primera sesión. 90 minutos de yoga en aquella sala que parece una sauna gigante. 45 grados de temperatura mientras haces ejercicio. Pero a pesar de ello, mi cuerpo en esas condiciones no sentía dolor y me permitía moverme más favoreciendo una rápida recuperación.

No tenía ya miedos de mi situación y que no sabría salir de ella. Lo que vi fue una nueva oportunidad de encontrar lo que realmente quería de la vida. Ver que estaba corriendo a contra viento de mis necesidades, por un objetivo erróneo. El puro objetivo económico.

Mi vida era mucho más que dinero. Las amistades, el compartir momentos, la salud. Siento haberlo visto sólo por fuerza llegado a un punto crítico, algo que estoy seguro que no hubiera visto si no habría pasado tantos problemas.

Encontré la felicidad. Algo que a partir de ahí empecé a practicar.

Increíblemente motivado

Llegará un punto por el cual te sientas tan motivado por el cambio que parece que eres medio invencible. Consigues cambiar la suerte y ahora todo lo que haces, mejora tu estado actual.

Hace unos días, me junto con un amigo para hablar de negocios. Estábamos sentados en la barra cerca del restaurante, apartados un poco de la terraza en la cual había unas 150 personas comiendo.
- *Rudy: De verdad, estoy seguro que ahora uso más parte del cerebro. No sólo estoy motivado, siento como todo lo que quiero, es más sencillo de conseguir.*
- *Andy: Ya te digo, yo también quiero. ¿Y cómo lo conseguiste?*
- *Rudy: Ok, si quieres te cuento y ya hablaremos del trabajo mañana con más tiempo.*

Tras explicar unos minutos el método que había creado para superar mi mal momento y ver que a cada uno que se lo decía, llegaba a un similar resultado, entramos ya en más materia.
- *Rudy: Ok, no pasa nada, me gusta hablar de ello. Hacemos una cosa, te voy a ayudar hoy y hablaremos de negocios otro día.*
- *Amigo: Ok, va.*
- *Rudy: ¿Si te digo que si piensas algo con fuerza lo puedes provocar que dices?*
- *Andy: Anda ya.*
- *Rudy: Ok, creo que necesitas que te lo demuestre. Desde que practico este método, he mejorado lo que llamamos mi sexto sentido. Parece que entiendo mejor cómo conectar con los demás aunque no los conozca.*

- *Andy: Que dices, ¿telepatía?*
- *Rudy: No se cómo llamarlo.*
- *Andy: Que va, ¿en serio?*
- *Rudy: Mira, el fin de semana pasado estuve con unos amigos y hablando de que me había puesto a escribir un libro, les conté lo mismo que te voy a mostrar a ti.*

En capítulos anteriores hablé de este encuentro donde llame telepáticamente a Xavi, y a varias personas de un evento.

- *Andy: Va, que no me lo creo. Demuéstramelo. Llama a aquel de camiseta gris.*

A unos 25-30 metros de donde estábamos sentados, había una terraza con unas 150 personas comiendo, disfrutando de las preciosas vistas al mar de Barcelona. Me empecé a descojonar por la situación inverosímil que me había metido.

- *Rudy: Jajaja. Ok, va, venga. ¿Si lo hago me crees para cambiar tu vida?*
- *Andy: Si me demuestras que el tío aquel de la esquina, el de camiseta gris se da la vuelta como dices, me pongo esta misma noche.*

Hablábamos entre carcajadas y todo parecía un juego. Pero al menos nos estábamos riendo ya.

- *Rudy: ¿Quién de los 3?*
- *Andy: el de la derecha.*

- *Rudy: Bien, a ese si que lo puedo llamar. Ves que está distraído y no está ni hablando ni escuchando una conversación, sino que debe estar pensando en cosas en su cabeza. Pues puedo llamarle porque no tiene su consciente bloqueado. Hagamos una cosa primero, llámalo tú.*
- *Andy: Pero, ¿no me ibas a hacer tu demostración?*
- *Rudy: Inténtalo. Piensa que lo llamas con tu mente. Como si estuvieras al lado, y le dices -hey-. Imagina lo que quieras. Que sea algo natural como le llamarías. Quizás poniendo la mano en su hombro. Lo que mejor veas.*

Parecía una película cómica. Él todo concentrado, mirando fijamente a la persona.

- *Rudy: Tranquilo. Esto no es X-men ni tu Charles Xavier. Hazlo tranquilo.*

Unos 30 segundos después.
- *Andy: Nada que no va. Qué te estás cachondeando.*
- *Rudy: Ok, mira.*

3-5 segundos después. Miro a Andy y le digo.
- *Rudy: Ok. Mírale ahora que se girará.*
- *Andy: Venga ya. Me c** en la leche. ¿Cómo lo has hecho?*
- *Rudy: Espero que ahora te tomes en serio lo que te estoy diciendo. Quiero poder ayudarte a retomar tu vida como lo he hecho yo y tan feliz me está haciendo.*

- *Amigo: J***. Aún estoy acojonado. Pero ¿cómo lo hiciste?*

Hago cualquier cosa por mis amigos, con total de verles mejor. Al final mi amigo, creyó un poco más en el potencial que tenemos todos dentro de nosotros, desaprovechado, que sólo necesita un poco de entrenamiento. Y eso le dió la motivación para iniciar el método. Es el caso que nos pasamos media tarde practicando llamar a gente más que otra cosa. Le intrigó tanto que se obsesionó un poco.

Días después recibo un mensaje.

- *Andy: Hey Rudy! ¿Cómo va eso? Estuve hablando con mi socio de lo que estás haciendo y quiere hacer una película. Una película de tu vida, ¿Te interesaría?*
- *Rudy: Hola. ¿Cómo?*
- *Andy: Sí, de enserio. Es un productor famoso. Búscalo en Internet.*

Pensar que hace escasos 7 meses, estaba debatiendo que iba a hacer con mi vida. Destruido interiormente. Con una placa de titanio de 16 centímetros en el hombro y con una situación económica crítica.

Llamo a mi amigo al teléfono.
- *Rudy: Te puedo asegurar que si a principio de año me decía alguien que en pocos meses iba a estar así, le pegaba por burlarse de mí.*

-   *Andy: Jajaja. ¿Entonces quieres conocerlo?*

La ilusión

La vida da muchas vueltas, pero la dirección la marcamos nosotros. Esperando a que las cosas se solucionen solas, no vamos a ninguna parte. Nuestro destino no está escrito. Si creemos que está escrito, estamos matando el motor de la vida, la ilusión. Por ilusión, creamos, inventamos, movemos mar y tierra, para conseguir nuestros deseos. Lo mismo pasa con el amor y la pasión.

El día que creemos que nuestro destino está marcado, dejamos de luchar. Y al dejar de hacerlo, estamos dejando nuestro barco sin rumbo. Es decir, que nuestro destino lo marcará lo que llamamos -suerte-.

La suerte es un evento que ocurre más allá del control de uno, sin importar la voluntad propia, la intención o el resultado deseado. Estadísticamente, puede ser definida como el resultado positivo de un suceso poco probable, tras un número reducido de intentos relativo a anteriores experiencias o predicciones.

Hay por lo menos dos formas a los que se puede referir cuando se utiliza el término, en los que varían desde percibir suerte como una cuestión del azar, hasta atribuir a explicaciones de fe o superstición, como la organización sobrenatural de los sucesos afortunados y desafortunados.

Pero en esas manos, de las cuales creemos que controlamos, y en realidad no lo hacemos. Creo que no debes dejar tu destino en manos de nada que no puedas controlar. Si adoptas la postura de controlarlo, es posible que sientas que es mejor así y yo no soy nadie para cambiarlo. En este libro intento darte un punto de vista distinto de cómo nosotros podemos escribir nuestro futuro.

La suerte es a menudo una consecuencia natural del optimismo, del valor y de las ganas de vivir y no al contrario
Penelope Parker

Así que todo depende ti, hoy y ahora.

Capítulo 25. La conclusión.

Recuerdo que al poco de empezar a escribir el libro, un amigo me comentó que llevaba 5 meses buscando trabajo y que veía que el trabajo no estaba en su ciudad y que no quería alejarse de su familia. Lo había intentado todo, y le dije que probara esta técnica a ver si le ayudaba. Al mes nos vimos de nuevo y le pregunto cómo le iba la vida. Me contesta que igual. Que todo seguía igual y que ya era medio año sin trabajo. Le pregunté entonces si había seguido mi consejo, contestándome exactamente "Señor Bianco. Yo no creo en estas cosas. No creo que cambie nada". A lo que le dije "¿Qué tal si lo intentas? No pierdes nada. Haz una cosa, hoy es jueves, pruébalo una semana, sólo una semana y nos vemos de nuevo y me dices.".

El lunes me llama :
- *"Señor Bianco, no lo entiendo"*
- *Buenas hombre. ¿Qué ha pasado?*
- *¡Qué me han contratado! No me explico cómo funciona. ¿Qué has hecho?*
- *Me alegro. No hice nada, lo has hecho tú.*
- *Pero, ¿cómo puede ser? Esa misma noche dediqué toda la noche a tu método. Al día siguiente de vernos hice una entrevista y me levanté y estuve una hora preparando mi mente a creer que la entrevista sería mi vida ideal. Estuve todo el fin de semana, continuando. Hoy me acaban de llamar y me dicen que me*

*contratan. Qué aún no tienen un puesto claro del cuál
me voy a encargar, pero qué creen que soy la persona
que buscan para su empresa.*

- *Genial! ¿Y tendrás que viajar?*
- *Eso es lo más sorprendente. Es aquí, y, ¡cerca de mi
casa! ¿Qué has hecho? ¿Cómo funciona?*
- *No intentes entenderlo. Me alegro un montón que le
hayas dado una oportunidad y que ahora tengas una
nueva oportunidad.*

Tres meses más adelante nos volvimos a ver. Me comentó que
estaba super orgulloso. Que estaba haciendo algo increíble en
la empresa y que estaba enormemente motivado haciendo lo
que le gusta. Había alquilado una casa más grande para
disfrutar más con su familia y que su vida había pegado un giro
increíble.

Todo lo que he escrito en este libro, ha pasado tal y como lo he
explicado. Te repito lo que le dije a mi gran amigo, ¿qué
pierdes por probar? Utiliza este libro de guía y adáptalo a tu
propia situación. Guárdalo y léelo para recordar cualquier
detalle que necesites. Hay mucha información relevante sobre
la vida. Cómo la alimentación, los hábitos, la asimilación de la
realidad y nuestro cerebro.

Hay pequeños detalles en este libro que si eres muy observador
habrás notado. Estuve jugando con tu cerebro. Verás que hay
títulos con punto final y otros no. Los títulos con puntos hablan
de sucesos que pueden tener un final o que debes finalizar y

hacer. Los títulos abiertos, son aquellos que aún tienen un presente hoy y mañana.

He dejado muchas pistas sobre cómo probar tu cerebro y tu cuerpo, que están en sincronía con tus decisiones y deseos. Desde los pequeños ejemplos de probar de despertarte antes que tu despertador suene. Pensar en alguien por la noche y ver si antes de 3 días, esa persona la ves, te llama o te cruzas. De forma más profunda, averiguar tu 6to sentido con pequeños ejercicios de telepatía, que te darán una enorme confianza, para cuando tus deseos de futuro involucran a más personas. El cómo ser positivo siempre y evitar los problemas, olvidándolos con la memoria selectiva y no asumiéndolos en el momento de recibir la noticia. Adoptar una postura fría y consecuente de la vida y entender que todo tiene una razón y que tú puedes controlarlo.

Si haces memoria te darás cuenta que incluso, tus deseos y felicidad, ahora son distintos a años anteriores. Lo que no cambia nunca, será tu pasión. Ese yo interno que te da vida, te motiva a seguir adelante y encuentra los momentos que hacen feliz el presente.

Tus amigos, tu familia, tus éxitos personales y profesionales. Todos están relacionados con un presente. El presente eres tú. Hoy y ahora. Tú eres quien controla a partir de este momento lo que pase en un minuto, en 2 horas o mañana. Tú eres quien manda. Tú escribes tu futuro. Tú hoy eres más que ayer.

Recuerda cada final del día lo que ha sido bueno y olvida los malos momentos. Haz que tu vida sean sólo buenos recuerdos y enfréntate al mundo diciendo **-aquí estoy yo-**.

La vida está para vivirla. Y la forma de vivirla es entendiendo el presente. Entendiendo que sólo puedes hacer una cosa a la vez. Hablar con alguien, comer, leer el diario, leer este libro. Puedes escuchar música mientras lees. Puedes jugar con tus niños mientras eres feliz. Todas aquellas cosas que necesitan tu concentración, debes hacerlas de una en una. Y si tienes muchas cosas que hacer, este libro te ha enseñado a utilizar tu potencial interior para hacerlas.

¿Tienes la libertad de alejarte de todo aquello que te estresa, para perseguir tus sueños?

Si quieres saber más : **startmyday.co**

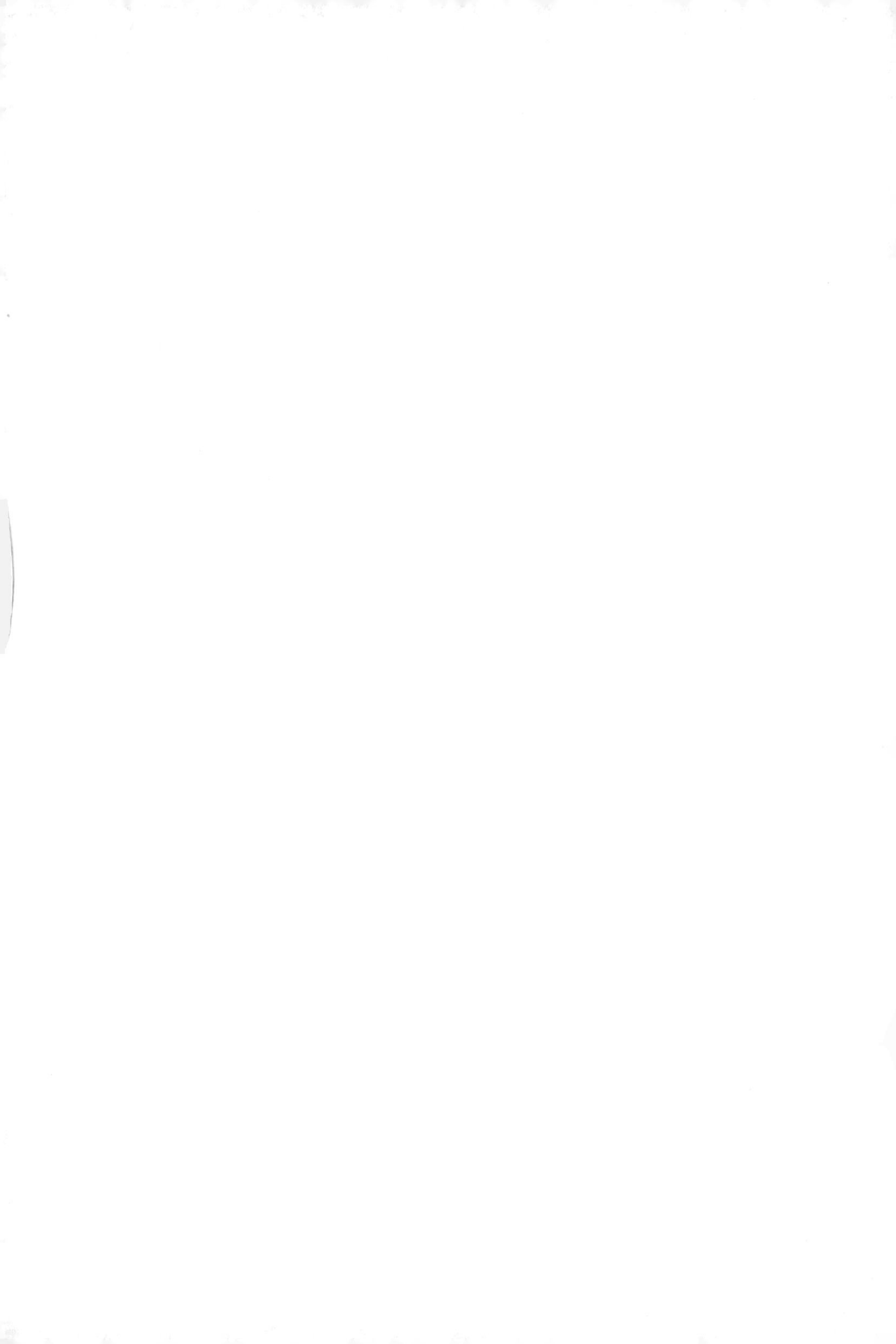